鬆綁你的焦慮習慣

善用好奇心打破擔憂與恐懼的迴圈，
有效戒除壞習慣的實證法則

Unwinding Anxiety:

New Science Shows
How to Break the Cycles of Worry
and Fear to Heal Your Mind

Judson Brewer
賈德森・布魯爾——著

蕭美惠——譯

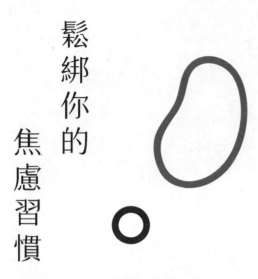

獻給亞馬遜成癮者

目次

第三部 幫大腦找到更大、更好的機會：第三檔

目次

前言

無所不在的焦慮

焦慮無處不在，而且一直都在，但是在過去幾年內，它支配著我們的生活，或許達到了前所未有的程度。

我個人的焦慮經驗可以追溯到很久以前。我是醫生——準確地說，是精神科醫師。我努力幫助患者克服焦慮，卻一直覺得我在他們的療程當中忽略了什麼重要的東西，就這樣掙扎了數年之後，我才將焦慮、我的研究室針對改變習慣所做的神經科學研究，以及我自身的恐慌發作（panic attack）連結在一起。也就是從那時候開始，一切都改變了。我忽然靈光一閃，領悟到爲何有那麼多人都無法察覺自己很焦慮，而這是因爲焦慮隱藏在壞習慣之中。現在有許多人都無可避免地注意到自身的焦慮，無論他們是否有在嘗試改掉某種習慣。

我從來沒有打算要成為精神科醫師。事實上，當我進入醫學院的時候，我根本不知道自己想成為哪一科醫生；我只知道，我想將心中這份對科學的熱愛，與我想要幫助人們的渴望相互結合。所謂的醫學博士雙學位（MD/PhD），是頭兩年在醫學院學習所有的知識及概念，之後就切換到博士學位，專注於某個特定的科學領域，並學習如何做研究。然後再進行病房實習，完成第三年與第四年的醫學院學業，最後成為住院醫師，專精於某一個醫學領域。

當我進入醫學院時，並沒有決定要成為哪一科醫生，我只是純粹被人類的生理及心理的複雜與美麗給深深吸引，我想要學習人類的身體是如何運作的。一般來說，在醫學院的前兩年，學生會有時間與空間來探索自己可能會想要專精的領域，然後，第三年與第四年在不同科別進行病房實習時，就會確認最終的決定。醫學博士雙學位需要讀八年左右，因此，我認為自己有許多時間可以去找尋什麼是最吸引我的；我只要專心學習所有知識就好。然而，經過了四年，取得博士學位之後，我已經忘記前兩年在醫學院所學到的一切了。

因此，當我讀完博士學位，打算將我遺忘在醫學院的知識重新撿拾回來時，我選擇了精神科，作為第一個病房實習的地點，這樣可以讓我回想起如何問診。我從沒想過要成為精神科醫師，因為電影裡的精神科醫師都沒有什麼正面的形象，而且，我在醫學院裡聽過一句玩笑話——精神科是「懶鬼和瘋子」才會去讀的；也就是說，如果你本身是個懶惰鬼或瘋子，才會去當精神科醫師。但是，當我現在回頭看那段在精神科實習的日子，我會說這是緣分與時機造就的結果。我發現我非常喜歡待在精神科病房，因爲我眞的很能切身體會病患們的痛苦。嘗試幫助他們了解自己的心理，讓他們能更有效率地解決自身煩惱，這讓我非常快樂。雖然我也很喜歡在其他科實習，但是沒有一個地方像精神科那樣吸引我，於是我最後選擇了精神科。

從醫學院畢業後，當我開始在耶魯大學接受住院醫師培訓時，我發現我不只是很適合精神科，我還跟成癮症患者產生了更深的連結。剛進醫學院的時候，我開始練習冥想，而且在攻讀醫學博士雙學位的這八年來，幾乎每天都這麼做。當我越來越了解成癮患者的痛苦，就逐漸體會到他們所說的那種痛苦，與我自己在做冥想訓練時所感受到的是一樣的類型——那種渴求、依賴、試圖抓住什麼的感覺。我很驚訝地發現，在痛苦這方面，我和患者們有著共通的語言。

擔任住院醫師的期間，我開始恐慌發作，原因是睡眠不足，加上我覺得自己好像什麼都不懂，還有隨時待命的不確定性——永遠不知道我的呼叫器會不會突然在半夜響起、當我打給護理站後又會發生什麼大混亂。這些要素全都在刺激著我的神經，我實在是很能體會焦慮患者的心情！幸好，這時我的冥想習慣發揮了效用，我可以用覺察（mindfulness，亦譯爲「正念」）技巧來解決讓我無法入睡的恐慌發作。儘管我當時不明白原因，這些技巧依然能讓我不會在恐慌時火上加油——我學會與焦慮及恐慌和平共存，這樣我就不需擔心自己會恐慌發作，進而不會感到焦慮，也不會發展爲恐慌症。接著，我逐漸發現，我可以教導人們如何注意到不愉快的感覺，而不是習慣性地逃避；我可以教他們處理這些情緒，而不只是開藥給他們。

住院醫師時期即將結束時，我發現幾乎沒有人在研究關於冥想的科學。這感覺像是一份隱密的寶藏——它幫助了我面對極端的焦慮，或許也能幫助我的患者，但卻沒有人探索它爲什麼有效、它的效果有多好。因此，接下來的十年內，我投身於建立一個幫助人們克服壞習慣的計畫，那些壞習慣可能與焦慮有很深的連結，或者就是因焦慮而造成的。事實上，焦慮本身就是一種不良習慣，現在它成了一種流行病，而本書就是所有研究的集大成。

在電影《絕地救援》（*The Martian*）中，麥特·戴蒙（Matt Damon）所飾演的角色發現自己被困在火星時，心想完蛋了。在一場風暴之中，他的同伴都安全地逃回太空船，並且誤以爲他死了，於是把他留在原地。他坐在小小的火星基地裡，穿著可愛的美國航太總署（NASA）連帽衫，試著用一段激勵人心的話來鼓舞自己：「面對這樣的困境，我只剩下一個選擇，我必須用科學來整治這裡。」

受到麥特．戴蒙的啟發，在本書中，我用科學整治了焦慮。

市面上有許多關於這類主題的書籍，有的厚、有的薄，有些會用吸引人的標題、美妙的故事、神祕方法或「小妙方」來贏得青睞，但並不是所有書都充滿實際的腦科學。

我可以向你保證，本書裡有很多科學，而且是眞正的科學，是依據我的實驗室花費數年對眞正的患者所進行的研究（起初在耶魯大學，現在則是在布朗大學進行研究）。我發表過一些論文，有些人讀過並根據我的論文去撰寫書籍，而我在本書裡也會提到那些論文。

我已經做了幾十年的研究，我喜歡學習並發掘新事物，但我必須說，我所研究出的結果之中，最有趣也最重要的一項，就是焦慮與習慣之間的連結——爲什麼我們會焦慮，以及爲什麼這會變成一種習慣。將這兩件事連結起來，可以解釋我們爲什麼會感到擔憂；這滿足了我對於焦慮的科學好奇心，但更重要的是，這可以幫助我的患者了解並努力解決自己的焦慮。

焦慮隱藏在人們的習慣之中。人們會用各式各樣的行爲來讓自己從那些情緒當中抽離出來，導致焦慮隱藏在身體裡。發現兩者的關聯後，我就能幫助患者了解自己是如何養成壞習慣的，例如透過酗酒、暴飲暴食、拖延等行爲來排解焦慮。我還能幫助他們了解，爲何嘗試克服焦慮或壞習慣會這麼困難，而且總是以失敗收場。焦慮會爲這些壞習慣提供養分，接著就會回饋到焦慮身上，最終進入無法掌控的惡性循環，導致病患來到我的診療間。

我學到一件很重要的事情，就是在精神醫學當中，「懂得越少，說得越多」這句格言是適用的。換句話說，你對一件事情了解得越少，就會說越多的話來填補這個空洞。說更多的話，不代表你對患者的狀況有更深入的理解或看法。事實上，當你不知道自己在說什麼的時候，你會用上更多的言詞，也就更有可能挖洞讓自己掉進去。當你發現自己已經在洞裡了，就應該停止、不要把這個洞挖得更深，對吧？

這是慘痛的一課，但我理解到，「懂得越少，說得越多」適用於我身上，就像它適用於任何人一樣。很意外吧！我並非例外。我曾經說出一大堆沒有意義的話，彷彿只要我說得越多，就越能幫助患者一樣。但如果我採取相反的行動，也就是不要試圖讓自己聽起來像個精神科醫師，而是閉上嘴巴，嘗試進入禪的「無知心」，等到有更清楚的理解後再說話，這樣才能眞正幫助到人們。

「少即是多」這句話也適用於精神醫學之外的領域，例如科學。當我少說話、多傾聽，便發現我想出的關於改變習慣的概念變得越來越精簡。然而，身爲一名科學家，我必須小心、不能一味地相信自己提出的理論。概念很簡單，但是，眞的正確嗎？在我的診所之外，這些理論是否仍舊適用？二〇一一年，我的第一次大型臨床試驗結果顯示，在我的計畫之下，戒菸成功率竟然是「黃金標準」（gold standard）療法的五倍，之後，我開始探索如何利用「大型分心武器」（智慧型手機）來幫助人們克服壞習慣。我也用科學整治了這個方法，發現我們可以在眞正的臨床試驗上獲得非常有效的成果。我說的「有效成果」是——肥胖、體重過重者的衝動飲食行爲減少了四〇％，廣泛性焦慮症（GAD）患者的焦慮減少了六三％（這也爲焦慮的醫生帶來了同等程度的改善）等結果。我們甚至還證明了使用手機應用程式進行訓練，可以改變大腦中與抽菸有關的特定神經網絡。沒錯，用手機應用程式！

我的臨床精神醫學方法、研究及概念經過精簡後，構成了本書。我希望本書會是一本有益且務實的指南，能夠改變你對焦慮的理解，這樣你就可以有效地解決焦慮，進而破除那些毫無幫助的習慣及成癮症。

第零部

了解你的內心

不能用製造問題的同一個心態來解決問題。

——源自愛因斯坦的網路梗圖

你可能會感到疑惑，爲何本書的開頭是第零部，而不是第一部。這是因爲第一部是你知道發生了什麼之後才要去讀的，第零部則是你甚至還沒有發覺自己焦慮。

閱讀時請記得：第零部會告訴你，焦慮產生時的心理學及神經科學，讓你理解大致的架構；第一部會教你找出觸發焦慮的刺激源，以及焦慮本身會觸發什麼；第二部會幫助你了解爲什麼自己會被困在擔憂與恐懼的循環之中，以及如何更新你的大腦的獎勵網絡（reward networks），以擺脫這個循環；第三部會給你一些簡單的工具，深入大腦的學習中心，打破焦慮與其他習慣的循環。

第1章

焦慮大流行

焦慮就像色情圖片，它很難定義，而一旦你看見了，就會立刻明白。

當然了，除非你看不見它。

大學時期的我是一個A型性格、充滿幹勁的人。我在印第安納州長大，我媽媽獨自撫養我們四個孩子。到了要選擇大學的時候，我申請了普林斯頓大學，就因爲升學輔導員說我一定申請不到這間。當我抵達校園時（從未有過的經驗），我覺得自己就像個走進糖果店的孩子——眼前有著數不清的機會，讓我感到非常驚訝。我想要嘗試每一件事。我試著加入無伴奏合唱團，理所當然地被拒絕了；加入了划船隊，只待了一學期；加入交響樂團，在大四那年成爲聯合主席；帶領學校戶外活動的背包旅行；加入自行車隊，也是一段較短暫的期間；學習攀岩，每週都虔誠地在攀岩場待上幾個小時；參加名爲捷兔俱樂部（Hash House Harriers）的奇怪跑步社團，還有更多其他活動。我熱愛校園生活，甚至每個夏天都待在學校，在實驗室裡學習做研究。喔，除了化學學位之外，我還拿到音樂表演證書來充實我的學業。四年一眨眼就過去了。

我在大四即將結束、正準備進入醫學院時，前往學校的健康中心約了醫生門診，因爲即使我這麼活躍，還是明顯感覺到自己不健康。我有嚴重的腹脹、胃痛，伴隨著從未有過的嚴重腹瀉，這個情況嚴重到我必須規劃每天的慢跑路線，以確保隨時都能跑廁所。我向醫生說明了症狀（當時還沒有谷歌，所以我不能得意自滿地說出我對自己的診斷），醫生好奇地詢問我是否壓力很大或者很焦慮。我不假思索地說不可能、沒這回事，因爲我每天都有運動、吃得很健康、拉小提琴，諸如此類的話。當醫生耐心地聆聽時，我急於否認焦慮的存在，說出一個幾乎不合理的推論——我最近剛帶領了一次背包旅行，一定是喝到不乾淨的水（即使我在這方面非常小心謹慎，而且參加背包旅行的其他人都沒有生病）。

「一定是梨形鞭毛蟲症。」如果在野外喝到不乾淨的水，就會得到這種阿米巴感染症，症狀是嚴重的腹瀉，我盡可能用充滿說服力的語氣如此斷定。沒錯，醫生知道什麼是梨形鞭毛蟲症，畢竟人家是醫生嘛，但我的症狀並不是非常符合梨形鞭毛蟲症。我不想去正視擺在我眼前的事實——我的壓力很大，大到焦慮表現在身體症狀上，因爲我的心理忽視焦慮的存在，甚至是否認它。焦慮？怎麼可能，我才沒有。

我嘗試說服醫生說我不可能會焦慮、也不可能會有他說的腸躁症（這種病和我剛才描述的症狀一模一樣），十分鐘後，醫生聳聳肩，爲我開立抗生素，理論上是要用來清除我腸子裡頭造成腹瀉的**梨形鞭毛蟲**。

當然，我的症狀沒有改善，直到我發現焦慮有各種形式，從考試前的小小緊張、恐慌症大爆發，到嚴重腹瀉，導致我必須把紐澤西州普林斯頓市的所有公共廁所都記在腦袋裡。

在網路字典中，焦慮一詞的定義是「一種擔憂、緊張、不安的感覺，通常是針對某個即將發生的事件，或某個無法確定結果的事物」，我只能說這幾乎涵蓋了一切。關於所有即將到來的事件，我們唯一能確定的就是，其結果是無法確定的，所以焦慮可能會出現在任何場所、情境、一天之中的每一個時刻。當同事在會議中展示出公司當季業績的簡報時，我們可能會感受到一絲焦慮；如果接下來同事說下週會有人因此被裁員，且不知道會裁掉多少人的時候，我們可能會感受到非常大的焦慮。

有些人早上一起床就開始焦慮，那種緊張感刺激著他們、促使他們起床，就像一隻飢餓的貓；接著是不可動搖的擔憂，讓他們越來越清醒（不需要喝咖啡），且在一天之中逐漸累積，因爲他們不知道自己爲何焦慮。這是我的廣泛性焦慮症患者的狀況，他早晨起床就很焦慮，一整天都很擔憂，並毫無節制地持續擔憂到夜晚，他會一直想著「爲什麼我還睡不著？」也有人會突然間產生恐慌（就像我），可能會因此在半夜猛然驚醒。還有一部分的人會擔心特定的事物，但很奇怪的是，他們對於一些其他人認爲應該要煩惱的事情或類別卻毫無感覺。

當然，如果我不提到焦慮症有很多種類，就會顯得我很不像一位精神科醫師。雖然我受過專業的醫學訓練，但我個人還是不太喜歡將其定義爲病症或症狀，因爲稍後就會提到，這些狀況單純只是因爲大腦中某個自然的（且通常是有幫助的）處理過程輕微地出錯而產生。這就像在說「身爲人類」是一種症狀一樣。當「症狀」發生時，我認爲心理或大腦的狀況，就像是小提琴的弦音有點不準一樣，在這種情況下，我們不會說這個樂器壞了並把它丟掉，而是檢查音準，把弦調緊或調鬆一些，這樣就可以繼續演奏了。不過，爲了診斷及收費，焦慮症包含許多種類，從某種特定的恐懼症（如害怕蜘蛛）、強迫症（隨時都在擔心細菌，導致隨時都在洗手），到廣泛性焦慮症（就是字面上的意思——對日常生活中的事物過度擔憂）。

然而，日常生活中的焦慮是否會晉升爲「病症」的關鍵，卻是取決於診斷者的判斷。舉例來說，要達到廣泛性焦慮症的門檻，必須要有過度的焦慮，並且擔心「各式各樣的主題、事件、活動」，且發生的頻率必須要「至少六個月內有症狀的日子比沒有的日子多，且明顯過度」。我很喜歡最後一句：「明顯過度」。也許我在醫學院課堂上都在睡覺，沒有學到如何判斷哪樣是少量的擔憂、哪樣是明顯過度的擔憂、何時該開立診斷書或藥物。

因爲焦慮通常隱藏在內部，而不是在人們的腦中充滿存在感地顯現出來，所以我必須問患者許多問題，以觀察他們的焦慮是表現在哪裡。我大學時完全不知道自己焦慮，直到我根據實際情況推斷，終於發現我的慢跑路線中必須隨時有廁所，而這件事和焦慮是有關聯的。根據醫學手冊，焦慮的典型症狀包含急躁、坐立難安、容易疲勞、注意力不集中、易怒、肌肉疼痛、難以入眠，但你可以很清楚地知道，不能單靠這些症狀，就在你背上貼一張「這個人很焦慮」的標籤，並讓所有人看見。重要的是，就像我大學時否認自己焦慮一樣，我必須幫助患者找到焦慮症狀跟他們腦中情況的實際連結，我們才有可能進入下一步。

爲了強調焦慮在不同人身上表現出的差異可能會有多大，下面以兩位強大成功的女性爲例子。

我的妻子瑪麗是一位四十歲的大學教授，廣受學生們的愛戴，她的研究也使她在國際間擁有知名度。她不記得自己是從幾歲時開始有焦慮的情況，直到她讀研究所時，跟姊姊、表親談論到這個話題，她才發現家族中有一些本人並不自知的習慣，其實是焦慮的表現。這些事情單獨看來很奇怪，但只要將之視爲一種模式，就會顯得非常清晰可見，這使她恍然大悟。她是這樣形容的：「焦慮隱藏得很深，直到我們在家人身上看見焦慮，才能注意到自己身上的焦慮。」她注意到她的祖母、母親、阿姨都有著不同程度的焦慮，而且是從她有記憶以來就一直是這樣。舉例來說，當瑪麗還小的時候，她媽媽會不自覺地過度規劃，試圖掌控她的狀況。這在她們一家人要出門旅行時會特別明顯，瑪麗很討厭準備去旅行，因爲她媽媽會出現焦慮的情況，對瑪麗、瑪麗的爸爸、瑪麗的姊姊特別暴躁易怒。

瑪麗發現了家人的焦慮之後，才明白自己也有焦慮。爲了寫這本書，某次我非正式地在早餐前隨口訪問她，她形容焦慮給她帶來的感受是：「它是一種輕微的感覺，本身沒有主題。它可以依附在任何情境或想法上，就彷彿我心裡一直在找尋任何可以感到焦慮的事物。以前我會把這種感覺定義爲對某個特定事物感到緊張，很難將它跟日常生活體驗切割開來，因爲我以爲它就是會依附在生活中一些合理的改變或狀況。」沒錯，這是廣泛性焦慮的一項重要特色——我們會在心裡找尋各種無害的事物，然後開始擔心它。對許多人來說，焦慮像是一把野火，起因是清晨時劃了一根火柴，接著就受到日常生活各種事物的助燃，最後在一天結束時燒得最亮、最旺。

在我們要開始吃早餐、對話即將結束時，瑪麗補充道：「不了解我的人，不會知道我隨時都在面對這樣的問題。」無論有沒有受過心理醫生的訓練，我都可以證明，她面對同事或學生時都是極度冷靜的。然而，當她在焦慮時，無論是她還是我都可以察覺到，那通常是她專注於某件未來的事情、開始進行規劃的時候。彷彿她的大腦會挑一件原本就包含不確定性的事情或時間（例如週末），並開始活躍起來；因爲這件事情尚未成形，她的心裡就會開始試圖將這塊黏土塑造成熟悉的樣子。對一名藝術家來說，一塊黏土代表著可能性；對一名旅人來說，週末代表著冒險；對緊張的人來說，缺乏計畫代表著焦慮。瑪麗和我之間有個老玩笑，我會問她：「妳今天早上有沒有計劃好妳中午要計劃哪些晚上該計劃的事情？」

相對於廣泛性焦慮的緩慢延燒，有些人會產生間歇的恐慌，以瑪麗的大學室友艾蜜莉爲例。艾蜜莉是我們的好朋友，她與我在醫學院最好的朋友結婚，無意間促成我和瑪麗的相遇。身爲一名律師，艾蜜莉處理的是重要政治議題，包含國際協商。當她在讀法學院時，她開始恐慌發作。我請她說明一下那是什麼感覺，她在電子郵件回覆中是這樣形容的：

在我讀法學院二年級升三年級的那年夏天，我很幸運地可以在一間大型法律事務所中擔任暑期法務人員（summer associate）。暑期法務人員時常會被邀請到事務所成員的家中，與他們的家人共進晚餐，還有其他暑期助理、暑期實習生等也會去。這是一種聯絡感情的活動，同時可以看看在這間公司工作的人私下的生活是什麼模樣。七月的某一場愉快的晚餐結束後，我回到家，很輕易就睡著了。然而大約兩小時後，我激動地醒來，心臟大力地跳動、冒汗、吸不到氣。我不知道到底出了什麼問題，我不記得我有做惡夢或什麼的。我很快地下床四處走動，希望讓它停下來。我實在太擔心了，於是打電話給我老公，當時他在醫院急診室值夜班，我拜託他回家，他也回來了。我的症狀逐漸緩和，我也明白自己活下來了，但我還是不知道剛才到底發生了什麼事。

那年秋天，我回到法學院讀最後一年，前述的公司也將錄取我作爲正式員工，我很放鬆，且不記得有發生什麼不對勁的事。然而，隔年夏天我又再度恐慌發作了，幾乎就跟之前一模一樣，在我輕鬆入睡幾個小時後激動地醒來。我正在準備律師資格考試，這是非常痛苦的經驗，同時，我那已結婚三十多年的父母（就我所知他們很幸福）突然宣布要離婚。此外，我開始在那間事務所工作，每天工時都很長，在我隔壁的一位較年長的法務人員開始「霸凌」我，像私人財產一般地使喚我，教育我說我完全無權決定自己的一切，因爲我基本上是屬於這間公司的，我應該對公司抱持著感激涕零的心才對。這幾個糟糕的事件、環境結合在一起，導致我無法掌控我原先以爲的生活，恐慌發作的狀況持續了六個月。我去看了醫生，也查了一些資料，這時我才明白到底是怎麼一回事。當我知道這是「恐慌發作」時，我覺得我更能掌控它了。我會告訴自己：「你覺得自己好像快要死了，但其實不會。這是你的大腦在欺騙你，**你自己**可以決定接下來會怎麼樣。」我學會如何在恐慌發作時深呼吸，強烈地將注意力放在使自己冷靜的舉動上。

雖然不是每個人都像艾蜜莉一樣，擁有如同史巴克（Spock，電影《星際爭霸戰》主角之一）一般超越常人的推理及專注力，但是，相較於瑪麗對廣泛性焦慮慢性延燒的形容，艾蜜莉的故事顯示出焦慮可能會像一個燒熱的茶壺，不斷加熱、再加熱，直到爆炸爲止——而且通常是在半夜爆炸。無論是艾蜜莉或瑪麗，重點都在於她們必須先明確了解自己的焦慮屬於哪種類型，才能開始解決它。

不管是貨眞價值的精神科醫師，還是單純的鍵盤醫生，焦慮都是很難診斷的，無論臨床與否。我們所有人都會感到焦慮，這是生活的一部分，但是，我們如何處理它就很重要了。如果不知道焦慮會如何出現、爲什麼會出現，我們可能會採用某種暫時分散注意力或短期的解決方法，但這些方法其實反而會使它惡化（你會不會在壓力很大時吃冰淇淋或餅乾？），或者花費生活中所有時間去找尋解決方法，進而使它更嚴重（爲什麼我就是找不到焦慮的原因？爲什麼我就是無法解決它？）。這就是這整本書所要談論的。

我們將一起探索，焦慮爲何會在我們大腦最基本的生存機制當中誕生，甚至還可能發展成一種持續循環的習慣，以及你可以做些什麼來改變自己和焦慮之間的關係，好讓它自行解決。還有額外附贈：在這個過程中，你將會學到焦慮是如何推動其他壞習慣的，以及如何解決那些壞習慣。

＊＊＊

焦慮不是什麼新玩意兒。一八一六年，湯瑪斯．傑佛遜（Thomas Jefferson）在寄給約翰．亞當斯（John Adams）的信中寫道：「確實有些人心裡是憂鬱、疑病的，隱藏在患病的身體裡，對當下感到厭惡、對未來感到絕望，總是認爲最糟的事情一定會發生，只因爲那些事情可能會發生。這些痛苦導致了許多原先不應該發生的罪惡！」[1]雖然我完全不懂歷史，但我可以想像傑佛遜有許多事要焦慮，從幫助一個新國家的建立，到他對黑奴的僞善態度（他寫下「人人平等」，而黑奴是「道德淪喪」、「醜陋的汙點」，對於美國的生存是一大威脅；但他的一生奴役了超過六百人）。[2]

在現代世界，科技的進步使我們有更加穩定的食物來源，我們也即將走過四分之一個千禧年，因此我們可能會以爲需要擔憂的事情變少了。在新冠肺炎爆發之前，美國焦慮與憂鬱症協會（Anxiety and Depression Association of America）估計全球二．六四億人患有焦慮症。[3]在一項於二〇〇一年至二〇〇三年間收集資料，因此現在看來或許有些古老的研究之中，美國國家心理衛生研究院（National Institute of Mental Health）表示，美國有三一%的成人經歷過焦慮症，一九%的人在過去一年之中有焦慮症。[4]這二十年來，情況雪上加霜。二〇一八年，美國心理學會（American Psychological Association）針對一千名美國成人調查其焦慮來源及程度，結果顯示，三九%的人認爲自己比二〇一七年更加焦慮，另外也有三九%的人認爲自己和去年一樣焦慮，[5]加起來將近八〇%。

這麼多的焦慮到底是從哪裡來的？在同一份調查中，美國心理學會發現有六八%的回答者擔心自己的健康或安全，這讓他們輕微或極度焦慮。六七%回答者表示經濟是焦慮來源，五六%認爲是政治，四八%則認爲是人際關係。美國心理學會於二〇一七年進行的美國壓力調查（stress in America）顯示，六三%的人認爲這個國家的未來是一項很大的壓力來源，五九%的人認爲「在他們的記憶之中，美國現在是處於史上最低潮的狀態」。[6]要記得，這是在二〇一七年，也就是新冠肺炎爆發的三年前。

在美國，心理疾病在社會經濟地位較低的地區更爲常見，因此有些人懷疑比較貧窮的國家，焦慮的比例是否會更高，因爲在這些國家，穩定的食物來源、乾淨的水、安全等這類基礎需求可能會成爲重大的壓力來源。爲了解答這個問題，二〇一七年，一篇發表於《美國醫學會精神醫學期刊》（*JAMA Psychiatry*）的研究，調查了全球的廣泛性焦慮症比例。[7]準備好看解答了嗎？終生盛行率在高收入國家是最高的（五%），中收入國家較低（二·八%），低收入國家最低（一·六%）。作者認爲在相對富裕及穩定的高收入國家，是否容易擔心的個體差異可能會更明顯。對於爲何會有這種情況，有許多的推測。舉例來說，基礎需求得到滿足，可能會讓我們的生存大腦有更多的空閒時間去找尋潛在的威脅或擔憂，因此，有些人稱這個群體爲「擔心自己有病的健康者」（worried well）。但是，廣泛性焦慮症者一點也不健康，這份研究中有一半的人表示自己在生活中的一個或多個方面有嚴重的障礙。我認爲我的廣泛性焦慮症患者，就像是焦慮這種「耐力運動」的奧運選手——與地球上的任何一個人相比，他們都能擔心得更久、更嚴重。

在新冠肺炎大流行的緊急情況下，初期的估計結果顯示焦慮程度暴漲了（很讓人驚訝吧）。二〇二〇年二月一項針對中國人的橫斷研究（cross-sectional survey）結果顯示，廣泛性焦慮症的盛行率是三五・二%，而這還只是新冠肺炎發生的初期。[8]二〇二〇年四月底，英國一項報告指出，與新冠肺炎爆發前相比，「心理健康惡化了」。[9]二〇二〇年四月，美國一項研究發現一三・六%的受訪者表示感到很嚴重的心理困擾。[10]與二〇一八年相比，這可是增加了整整二五〇%，當時只有三・九%的受訪者這樣回答。

只要回想一下自身的經驗，或者看看社群媒體，就可以親自確認這件事。像新冠肺炎這樣的大規模災難，幾乎每次都伴隨著大範圍的心理疾病，包含物質濫用及焦慮。舉例來說，二〇〇一年九一一恐怖攻擊發生之後，將近二五%的紐約市民表示自己的酒精攝入量增加了；[11]二〇一六年麥克默里堡（Fort McMurray）森林大火（加拿大史上損失最慘重的災難）發生六個月後，當地居民有一九・八%都顯現出廣泛性焦慮症的症狀。[12]

焦慮並不孤單，它通常都和朋友一起出現。上述那篇二〇一七年發表於《美國醫學會精神醫學期刊》的研究指出，廣泛性焦慮症患者中有八〇%患有其他長期心理疾病，最常見的是憂鬱症。我的研究室最近做的一項研究也有類似的結果：廣泛性焦慮症患者當中有八四%有共病症（comorbid disorders）。

而且焦慮並不是無緣無故突然出現的，它是有誕生過程的。

第2章

焦慮的誕生

焦慮是一頭奇怪的野獸。

身為精神科醫師，我了解到焦慮和它的近親——恐慌，都是源於恐懼。身為行為神經科學家（behavioral neuroscientist），我知道恐懼在演化上最主要的功能就是幫助我們生存。事實上，恐懼是我們所擁有的生存機制中最古老的。恐懼透過一種稱為負增強（negative reinforcement）的大腦機制，教導我們未來如何避免危險的情況。

舉例來說，如果我們在一條車很多的馬路上踏出去，轉頭看看，發現有一輛車正朝這個方向開過來，我們會直覺地馬上跳回安全的人行道。恐懼反應讓我們很快地學習到馬路是危險的，必須小心前進。演化讓我們可以輕易做到這件事，簡單到在這樣的情境之中，我們只需要三個要素就可以學習了：環境信號、行為、結果。以這個情境來說，車很多的馬路（環境信號）告訴我們，在過馬路時必須轉頭看兩側（行為）；安全無虞地穿越馬路

（結果）告訴我們，未來也要記得重複這個舉動。所有動物都擁有這項生存工具，即使是海蛞蝓這種擁有「最原始」的神經系統的動物（總共只有兩萬個神經元，人類光是大腦就有將近一千億個神經元），也使用這種學習機制。

過去一百萬年內，人類於某個時期在原始的生存大腦上方演化出一層新的區域，神經科學家稱之爲前額葉皮質（prefrontal cortex，簡稱 PFC）。從解剖學的觀點來看，這層「比較新」的大腦區域位於我們的眼睛後方及額頭。前額葉皮質與創造及計劃有關，它幫助我們思考及規劃未來，並根據我們過去的經驗來預測未來會發生什麼。重要的是，前額葉皮質需要精確的資訊，才能做出準確的預測。如果缺乏資訊，前額葉皮質會向我們展示可能發生的幾種不同情況，幫助我們選擇最好的路徑。它會根據我們過去類似的經驗來進行模擬，舉例來說，卡車或公車都和小客車很像，我們可以安心地推論我們必須轉頭看向兩側，以躲避任何一種高速行駛的交通工具。

這時候焦慮出現了。

焦慮會在前額葉皮質沒有足夠的資訊可以準確預測未來時出現，二〇二〇年初新冠肺炎在全球爆發時就能看見這個現象。只要有新發現的病毒或病原體，科學家都會拚命加速研究其特性，了解它到底有多容易傳染、有多致命，才能做出恰當的對策；新冠肺炎也不例外。在病毒或病原體被發現的初期，會有許多不確定性，而我們的大腦一旦無法得到準確的資訊，就很容易根據看見或聽見的最新報導，編織出充滿恐懼的故事。然後，因爲大腦構造的關係，新聞越震撼（增加我們的危機感及恐懼感），我們就越容易記住它。現在，再加上恐懼和不確定性——家人染疫或死亡、失業的可能性、難以決定到底要不要讓孩子去上學、擔憂如何安全地重啟經濟……，然後你的大腦就會試著要理清這一大堆壞東西。

要注意，恐懼本身並不等同於焦慮。恐懼是一種適應的學習機制，會幫助我們生存。相反地，焦慮是適應不良的，我們用來思考及計劃的大腦，在缺乏足夠資訊時會失控。

只要看看恐懼的反應發生得有多迅速，就很容易理解了。如果你踏上一條車很多的馬路，有車子衝過來，你就會反射性地跳回人行道，在這種情況下你沒有時間思考。如果前額葉皮質要處理這些資訊（車、速度、軌跡等）會花費太多時間，決定接下來該做什麼（我應該回到人行道，還是車子會在我附近突然改道？）又要花上更多的時間。我們可以將之分解爲三種不同的時間長度，以區分反射性和從焦慮中學習：

一、立即（數毫秒）

二、短期（數毫秒至數分鐘）

三、長期（數個月至數年）

立即的反應是爲了生存，我們在這種情境下不會學到任何東西，只是單純逃離危險；這個過程必須進行得非常快，且本能地發生。跳回人行道這件事發生得非常迅速，你會等到事情發生之後，才意識到剛剛究竟是怎麼一回事。你的舊大腦裡的自律神經系統（autonomic nervous system）會很迅速地產生反應，而且不經過你的意識，就能自主控制各種機能，例如現在你的心臟要輸出多少血液，或者你的肌肉是否需要比消化道更多的血液。這會拯救你的性命，因爲一旦發生立即的危險，你根本沒有時間思考——思考這個步驟進行得很慢。換句話說，這種「戰鬥／逃跑／僵住」（fight/flight/freeze）反應會幫助你生存，讓你存活到下一個階段，再從中學習。

當你安然無恙地脫離危險，就會感受到腎上腺素的分泌，並開始釐清剛才到底發生了什麼事（短期學習）。發現自己剛才差一點死掉的這種感覺，會幫助你將「踏上馬路」與「危險」連結起來。你的大腦甚至可能會翻出某些遙遠的記憶，你父母的聲音在你腦中響起，你想起他們因爲你第一次穿越馬路時沒有先看左右兩側而責罵你。這種不愉快的恐懼心理反應會幫助你學習，穿越馬路之前不要看手機，而且要先轉頭看看左右兩側。注意一下，此處我們學習的速度有多快。你不需花費幾個月的時間做心理諮商、試圖理解自己是否有想死的欲望，或者在成長過程中是不是一個叛逆的孩子；這只是一個很單純的學習過程，學習在危險的情境之下要保持警惕。你會將車水馬龍的街道，以及與車子的近距離接觸連結起來。諷刺的是，你會快速學到父母在你小時候不停試著教導你的事情（注意一下，比起**從概念中理解**的效率，**從經驗中學習**的效率要高出很多——我們的大腦實在很擅長這件事）。重要的是，在經歷了生死劫難之後，就像斑馬的跳躍和踢腿，或是狗狗甩動身體一樣，你必須學習如何安全釋放「我差一點就要死了」時、腎上腺素所造成的多餘精力，這樣才不會留下長期的創傷後壓力及焦慮。不能只是跟別人說說話而已，必須實際做一些事情，例如大叫、抖動、跳舞，或是某些讓身體動起來的事情。[13]

你的舊大腦和新大腦合作無間，幫助你生存：當你直覺地做出行動（跳回人行道），並從這個情境中學習（穿越馬路前要先看左右兩邊），你就可以存活得夠久，久到可以開始規劃未來（「以後我要教導我的孩子說這裡是一個危險的路口」）。當一切都運行得很好，就是前額葉皮質出來發光發熱的時候了。前額葉皮質會從過去的經驗當中收集資訊，並將這些資訊用於預測未來將會發生什麼，因此你就能規劃未來，而不是隨時都要對當下發生的事情做出反應。只要擁有足夠的資訊，做出良好的預測，上述步驟就能順利運行。你對未來將會發生的事情越有把握，就越能預測並事先計劃。

就像種子需要肥沃的泥土一般，舊的生存大腦爲焦慮創造了一片合適的土壤，讓焦慮在你新的思考大腦中發芽（長期的）；這就是焦慮的誕生。**恐懼＋不確定＝焦慮**。舉例來說，當你的孩子第一次說要自己走路去學校，或者走去幾條街外的朋友家時，你的感覺是什麼？你曾經小心謹慎地教導他們如何安全過馬路、陌生人有多危險等等，但是，當他們離開你的視線時，你的腦袋會怎麼樣？會開始充滿各種最糟糕的情況。

如果沒有過去的經驗或正確的資訊，你將發現自己很難停止擔憂並冷靜地規劃未來。你的思考及規劃大腦不具備開關，不能在缺乏資訊的時候進入睡眠模式，等到有足夠資訊時再打開。事實正好相反，焦慮會催促你做出行動，從你的腦中對著你的耳朵大喊：「快去收集更多資訊給我！」然後，你就會開始回想所有自己曾經看過的間諜電影，這樣就可以偷偷跟蹤孩子，確保他們在沒有你的陪同之下安全抵達目的地。

一般來說，可以獲得更多資訊，似乎應該是一件好事才對。畢竟，知道得更多，就能掌控得更多，因爲知識就是力量，對吧？有了網路之後，再也不會缺乏資訊了，但正確性卻會因爲資訊量的龐大而受到影響。幾乎任何人都能在網路上發表任何想要發表的東西，而且不會因為正確性而獲得報酬，只有好笑、暴力、駭人聽聞的才會得到報酬。因此，網路上很快就充滿太多資訊，我們幾乎不可能全部讀完（假新聞傳播的速度是眞新聞的六倍）。這完全不會讓我們覺得自己掌控得更多，只會得到反效果。從科學的角度來說，規劃和做決定時擁有太多資訊，會造成「選擇超載」（choice overload）。

西北大學凱洛格管理學院（Kellogg school of Management）的亞歷山大・契爾涅夫（Alexander Chernev）及同事甚至找出了會嚴重削弱大腦決策能力的三項要素：事情的困難度、選項的複雜度，以及不確定性（意外吧！）。[14]在這個時時刻刻都能獲得資訊的時代，複雜度會更高，因為資訊量實在太龐大了。在谷歌搜尋到成千上萬篇文章，感覺就像到了海邊、腳尖才剛踏進水中，一抬頭卻看見一片大浪洶湧地朝自己撲過來。你會覺得自己永遠無法追上最新的新聞（因為現在你隨時隨地都能知道世界上任何一個角落正在發生的事情），甚至連社群媒體上的最新文章都無法追上，就像是因為口渴，所以倒了一杯水，認為自己應該要把這杯水喝光，卻沒發現水會從杯子裡無窮無盡地湧出來。

資訊過多，除了會讓人感到手足無措之外，資訊本身還有一個特性——引起爭議（而且可能有刻意誤導的傾向）的資訊，會導致更高的不確定性。不需要我多說，大家就已經知道，我們的大腦非常討厭引起爭議的故事。爲什麼？因爲它們就是不確定性的典型象徵（第四章會有更多關於這件事的演化起源）。不幸地，隨著能操控資訊的技術發展得越來越高深（例如深僞技術〔deepfake〕），複雜及不確定性只會繼續增加。

當資訊不確定時，編寫者通常會有想要發表意見的衝動，這導致資訊的分量變得更多、更難閱讀，而你的前額葉皮質就會運轉得更快，想收集一切可得的材料，嘗試快一點吐出所有可能發生的情境，好讓你仔細考慮。當然，這已經不能算是規劃了，但是你的大腦沒有更好的辦法。前額葉皮質所擁有的資訊越不準確，結果就會越糟。而當這些模擬的情境變得越來越糟糕（因焦慮不斷上升而導致前額葉皮質停止運作時，很容易變成這樣），你的「戰鬥／逃跑／僵住」反應可能就會被觸發，導致光是想到這些可能的情境（實際上發生的機率很低），你就會覺得自己彷彿置身於危險當中，即使這個危險僅僅存在於你的腦海裡。看啊！焦慮來了。

現在，讓我們回到前述的例子，你讓孩子第一次獨自走到三條街外的朋友家或學校。在「很久以前」，比如沒有手機的年代，父母把我們送出門之後，就只能等待我們回家，或者我們從朋友家打電話回去，向父母報平安。現在，父母可以讓孩子帶著各種電子產品，這樣他們就能隨時知道孩子在哪裡。他們能夠沿途追蹤孩子的定位，而這樣他們就會擔心沿途發生的任何事（她停下來了。爲什麼停下來？在跟陌生人講話？還是在綁鞋帶？）。每多一項不確定的資訊，大腦就會多製造一項可能的情境。這是因爲負責規劃的大腦想要幫忙，就試著模擬出所有可能遭遇的不測。這會讓孩子的安全在實質上得到更多保障嗎？也許不會，甚至還必須付出焦慮增加的代價。

沒錯，焦慮是演化的附加項目。根據恐懼來進行的學習，一旦碰上不確定性，充滿好意的前額葉皮質不會等待其他更多資訊，只會利用手邊現有的材料，用擔憂將它們攪在一起，點燃腎上腺素烤爐，爲你烤出一條你並不想要的麵包——一份滾燙的焦慮。在做麵包的過程當中，你的大腦會保留一部分的麵團，等未來再繼續使用，就像老麵一樣。下次當你要規劃某件事時，你的大腦就會從你的心靈櫥櫃裡拿出那塊焦慮老麵，當成「必要材料」，加進新的麵團裡，讓老麵的效力超越收集更多資訊所需的理由、耐心及過程。

＊　＊　＊

就像新冠肺炎一樣，焦慮是會傳染的。在心理學中，情緒從一個人傳到另一個人身上，稱爲社會傳染（social contagion）。光是跟一個焦慮的人說話，就有可能觸發我們自己的焦慮。他們所說的充滿恐懼的話語，就像直接對著我們的大腦打噴嚏一樣，在情緒上影響了前額葉皮質，使它失去控制，導致我們開始擔心一切，從我們的家人是否會得病，到我們的工作是否會受影響。華爾街是社會傳染的一個絕佳例子，我們看著股市上下起伏，股價指數就是一項指標，顯示出我們的集體焦慮有多激烈。華爾街甚至有個東西叫做波動率指數（Volatility Index），又稱爲華爾街恐慌指數，我敢說你一定不會訝異它在二〇二〇年三月創下十年來的新高，因爲交易員發現接下來全球即將面對一場史無前例的大混亂。

當我們無法控制焦慮時，這種情緒性的恐懼就會升級爲恐慌（網路辭典對恐慌的定義是「突然間無法控制的恐懼或焦慮，通常會導致瘋狂的、考慮不周的舉動」）。被不確定性給淹沒，以及對未來感到恐懼時，我們的前額葉皮質，也就是大腦中負責理性思考的部分，就會停止運作。理論上，我們知道自己不需在地下室囤積六個月用量的衛生紙，但是當我們在雜貨店採購，看見別人購物車裡的衛生紙堆得像小山一樣高時，他們的焦慮就會傳染給我們，導致我們進入生存模式：「一定要買衛、生、紙！」直到我們在停車場思考該如何將這麼多的衛生紙塞進後車廂，或思考該如何帶著這麼多的衛生紙上地鐵的時候，我們的前額葉皮質才又上線工作。

那麼，在不確定的時刻，我們該如何確保前額葉皮質繼續運作？我們要如何避免恐慌？我很常在診所看見焦慮患者試圖壓抑焦慮，或是想仔細分析焦慮，不幸的是，意志力或推理都必須仰賴前額葉皮質，然而在這種重要時刻，它是關閉、停止運作的。我向患者說明大腦的運作模式，好讓他們理解不確定性是如何削弱大腦對於壓力的處理能力，讓大腦在面對恐懼時只會焦慮。當患者了解不確定性可能會觸發焦慮，也就可能導致恐慌後，就可以密切注意了。此外，光是知道這只是生存大腦用力過度的結果（雖然這麼說有點誤導的成分，實際上是缺乏足夠的資訊），就能讓患者感到放鬆。

然而，這還只是第一步。我們的大腦隨時都在問：「萬一……怎麼辦？」當我們點開社群媒體，查看最新資訊，看見的一切都是更多的猜測和恐懼。社會傳染沒有物理界限，可能從世上任何一個角落蔓延過來。我們不該拚命搜尋資訊，而是要採用更可靠的東西來處理我們的情緒。諷刺的是，要解決恐慌，就必須依靠我們的生存直覺——利用同樣會造成我們擔憂及焦慮的學習機制。

一定要注意到這兩件事，才能駭進我們的大腦，並打破焦慮的循環：我們正在焦慮／恐慌，以及焦慮／恐慌可能會帶來什麼結果。這可以幫助我們看清，我們的行爲究竟是眞的能幫助我們生存，或者其實是造成反效果。恐慌可能會讓我們在衝動之下做出危險的舉動；焦慮讓我們的心理和生理都變得虛弱，還會造成長期的健康危害。注意到這些負面的影響，可以幫助大腦的學習系統判斷行爲的相對價值：較有價值（高回報）的行爲將會被大腦放在比較高的優先順位，未來就會更常重複做這件事，較無價值（低回報）的行爲就會落到比較低的順位（第十章有更多相關內容）。

只要我們注意到焦慮是多麼沒有價值的行爲，就可以提出更大、更好的機會（bigger, better offer）（第十五章有更多相關內容）。我們的大腦會選擇做更加有回報的行爲，因爲這樣會感覺比較愉快，所以我們可以練習用本身就有較高回報的行爲，取代舊的、不好的習慣，例如擔憂等。

舉例來說，新冠肺炎剛開始爆發的時候，公共衛生機關呼籲我們不要摸自己的臉，因爲如果之前摸過帶有病毒的門把或物品表面，接著再摸臉，就很有可能會感染病毒。如果你注意到自己有摸臉的習慣（絕大多數的人都會，二〇一五年有一項研究顯示我們平均每小時會摸自己的臉二十六次[15]），當你有這個舉動時，你可能會變得很小心。你可以試著注意自己是否在被觸發後，就開始感到擔憂：「喔不，我摸了我的臉——我可能會被傳染！」比起恐慌，你應該深呼吸，問問自己：「我上一次洗手是什麼時候？」暫停一下，問自己這個問題，就能讓前額葉皮質恢復上線，做它最擅長的事——思考（喔對！我才剛洗過手）。你可以利用這種確定性，也就是你剛洗過手、也沒有去公共場所，來讓自己感到安心，相信自己被傳染的可能性非常低。

藉由增強學習，自我意識（self-awareness）也能幫助培養良好的衛生習慣：經常洗手會讓你感覺比較好受，而且當你不小心或習慣性地觸摸到臉，或者抓癢的時候，也可以安慰自己不用擔心會生病。同時，如果你沒有常洗手的習慣，自我意識加上不確定性，將會督促你，讓你更常洗手，或者至少在離開社交場所後洗手。擔心染病的本能，會促使你付諸行動。你越能清楚看見良好的衛生習慣所帶來的正面情緒及效果，並將之與不確定性及焦慮所帶來的負面情緒進行比較，你的大腦就會更願意重複良好的衛生習慣，因爲這樣感覺比較愉快。

了解這些簡單的學習機制，可以幫助你「保持冷靜、繼續前進」（這正是二戰時倫敦市民如何面對持續的空襲所帶來的不確定性），不至於在面對不確定性時變得焦慮或恐慌。當你開始擔憂時，你可以停下來、深呼吸，等待前額葉皮質恢復上線；當它再度開始運作，你就能比較一下焦慮的感覺和冷靜的感覺，並清晰地思考。對我們的大腦來說，這很簡單。更重要的是，當你學會運用大腦的力量克服焦慮，之後就可以開始學習克服其他壞習慣。只需要一點小小的練習，更大、更好的機會就會成爲新的習慣，不只能取代焦慮，還能取代更多壞習慣。

雖然焦慮是來自恐懼，但它需要營養才能成長茁壯。爲了幫助你更清楚地理解是什麼在餵養焦慮，你必須知道習慣一開始是如何養成的，藉此了解你的心理是怎麼運作的。

第3章 習慣與日常成癮

我實在不想告訴你這件事，不過你對某件事物成癮。人們一看到成癮（addiction）這個字眼，第一個想到的是酒精、海洛英、鴉片類止痛藥（opioids），或是其他的禁藥。人們或許也會覺得，成癮是其他人才會發生的。你的腦中可能浮現曾經上癮（或是仍然上癮）的朋友、家人或同事，並迅速比較他們和你的情況。事實上，如果你大喊「不可能，我沒有癮頭，只是有些戒不掉的怪癖而已」，我也不會訝異。

我可以猜想你的第一反應會是這樣，因爲我長久以來都是那麼認爲的。我是一個從小生長在印第安納州這個平凡核心的平凡人，我媽確保我有吃蔬菜、接受教育和遠離毒品，我把她的教誨謹記在心——可能記得太牢了？——因爲四十幾歲的我是素食者，擁有過多學位（醫學博士雙學位）。可以讓母親爲之驕傲的所有事，我都做到了。然而，我對成癮一無所知。

事實上，直到我在耶魯大學接受精神科住院醫師培訓時，才眞正了解成癮。我看到病患對安非他命、古柯鹼、海洛英、酒精、香菸等各式各樣東西成癮，許多人同時患有多種毒癮，另外又有許多人不斷進出勒戒所。大多數案例都是正常、聰明的人，十分明白癮頭會影響他們的健康、人際關係、身邊的人——哎呀，就是他們整個人生——可是他們仍然無法控制。這往往令人困惑且悲傷。

看見病患的經歷，讓原本枯燥的成癮定義變得活生生：「儘管具有不良後果，卻持續使用。」成癮並不侷限於尼古丁、酒精、海洛英等化學品。儘管具有不良後果卻持續使用，不只包括古柯鹼或香菸，或者我不會去碰的各種糟糕東西。它的定義，我們再複述一遍，以免有任何疑問：「儘管具有不良後果，卻持續使用。」這可以指持續使用**任何東西**。

這個念頭讓我愣住了。我在治療因爲使用糟糕東西而毀掉人生的患者時，腦海裡有些揮之不去的問題：「萬一成癮的根源不是**毒品本身**，而在於更深的地方呢？成癮的**真正原因**是什麼？」焦慮會不會是一種習慣，甚至是一種成癮症？換句話說，焦慮的不良後果有多明顯？我們可能對憂慮成癮嗎？表面上，焦慮似乎會幫助我們做好事情，操心似乎能幫助我們保護子女不受傷害。可是，這有科學根據嗎？

心理研究者之間有個笑話，說我們在進行研究時，其實是在進行「自我搜尋」。我們研究自己的怪癖、毛病和病症（有意識或無意識），以便理解更廣泛的主題。於是我進行自我反省，也詢問朋友與同事們有什麼習慣。長話短說：我發現成癮無所不在。情況如下：儘管具有不良後果，卻持續購物；儘管具有不良後果，卻持續爲某個人憔悴；儘管具有不良後果，卻持續打電玩；儘管具有不良後果，卻持續吃東西；儘管具有不良後果，卻持續做白日夢；儘管具有不良後果，卻持續查看社群媒體；儘管具有不良後果，卻持續擔心（是的，你會看到，擔心具有嚴重不良後果）。成癮並不侷限於所謂毒品或成癮藥物，而是無所不在。這是新鮮事嗎？抑或我們遺漏了什麼？

答案是：這件事既新且舊。我們從新的開始講起。

近二十年來，世界的改變速度已遠遠超過先前兩百年的所有改變，我們的大腦與身體卻跟不上，而這害慘了我們。

以我從小生長的地方來舉例說明——印第安納州印第安納波利斯（Indianapolis），位於美國中西部中央，平凡的核心。回溯到十九世紀，如果我住在大草原的農場上，渴望一雙新鞋子，那麼我需要把馬拴在馬車上，前往鎮上，跟雜貨店的人說我想要的鞋子及尺碼，然後回家等上兩星期，等訂單送到鞋匠那裡進行製作；再把馬拴在馬車上，去到鎮上，買下那雙鞋子（假如我有錢可以買的話）。現在呢？我可能正在開車，卻塞在車陣裡，挫折之餘，我點開電子郵件裡的一則廣告（沒錯，專門鎖定我而寄來的，因爲谷歌知道我想要買鞋），如同魔法般，一兩天後（感謝亞馬遜 Prime 服務），一雙完全合腳的鞋子便出現在我家門口。

你不需要是成癮症精神科醫生也能明白，花兩分鐘點兩下，更可能讓你不斷買鞋，勝過等上兩個月的體驗。

假便利與效率之名，現代世界的設計逐漸趨於創造成癮體驗，物品（如鞋子、食品等）與行爲（如看電視、查看社群媒體、打電玩）都是如此。政治、浪漫之事或是需要跟上最新新聞等想法，更是如此：約會應用程式和新聞推播逐漸設計出令人心癢的功能，以及作爲「點擊誘餌」（clickbait）的新聞標題。不同於歷史悠久的新聞機構一天一次把報紙送到你家，讓你決定要閱讀什麼新聞，現代媒體集團與新創企業自行決定要傳送給你什麼資訊，以及何時傳送。他們會追蹤你的所有搜尋及點擊，由回饋得知哪些新聞報導具有值得點擊的黏性，能夠讓你止癢。根據這種回饋，他們可以撰寫更多吸引點擊、有黏性的報導，而不只是傳送新聞。比起十年前，今日許多新聞標題經常以問句或局部答案的方式呈現，即可看出這點。

此外，由於幾乎所有事都可在一瞬間透過電視、筆電與手機看到，企業界便利用各種疲弱時刻（無聊、挫敗、憤怒、寂寞、飢餓），來提供簡單的情感解答（買這雙鞋、吃這道食物、查看這則新聞推播）。這些癮頭被具體化、形成習慣，因此感覺起來並不像是成癮——反而更像是我們本身的一部分。

我們是如何淪落到這個地步？

要回答這個問題，必須回溯到比《草原上的小木屋》（*Little House on the Prairie*）＊更久遠的時期。我們必須回到大腦演化出學習能力的時候。

我們的大腦有新的與舊的部分，新的部分負責思考、創造、決策等，而這些新的區塊堆疊在舊的區塊之上，後者即協助我們生存的部分。我在第二章提過戰鬥／逃跑／僵住本能，即爲其中一例。另一個我先前短暫提及的舊大腦特色，是所謂的獎勵型學習系統。獎勵型學習的依據是正增強與負增強，簡單來說，你想要做更多感覺良好的事情（正增強）、更少感覺不好的事情（負增強）。這種能力極爲重要，且古早之前便已演化出來，

＊ 譯注：一九三五年出版，美國作家蘿拉・英格斯・懷德描寫美國西部拓荒的代表作。

科學家在海蛞蝓身上就能看見這點——如同我先前提到，海蛞蝓的全身神經系統只有兩萬個神經元（這項發現如此巨大，艾力克．肯德爾〔Eric Kandel〕為此還拿到諾貝爾獎）。想像一下：只有兩萬個神經元，這種生物好比一部汽車簡化到只剩前進（與停止）所需的基本零組件。

在穴居人的時代，獎勵型學習極為實用。因為食物很難取得，我們毛茸茸的祖先或許偶爾能取得一些食物，他們笨重的小腦袋咕噥著說：「熱量……生存！」穴居人品嚐了食物——美味可口——然後，嘿！穴居人存活下來了。當穴居人得到一些糖或脂肪，他們的腦袋不僅將營養連結到生存，亦分泌出多巴胺（dopamine），這是學習將場所與行為配對的重要神經傳導物質。多巴胺猶如原始的白板，上頭寫著：「記住你吃到的，以及你在哪裡發現的。」穴居人寫下環境相關的記憶，並學習重複這項程序。看到食物、吃食物、生存。然後，感覺良好。重複。觸發／提示、行為、獎勵。

現在，從穴居人時代快轉到昨天晚上。你覺得糟透了——工作不順利；伴侶講話讓你傷心；或者你回想起父親拋棄母親，另結新歡——於是你想起冰箱裡那條瑞士蓮高級超濃醇牛奶巧克力棒。現在，找食物不像穴居人時代那麼困難，因此，食物至少在已開發（過度開發）世界具有不同角色。我們的現代腦說：「嘿，你可以把多巴胺這種東西用在記憶食物地點以外的更多事情。事實上，你下次心情不好的時候，不妨吃些好東西，你便會覺得好多了！」我們感謝大腦出了這個好主意，很快便學到，在我們生氣或悲傷時，吃些巧克力或冰淇淋，心情就會變好。這正是穴居人經歷的學習過程，只不過如今觸發點不同了：不是胃部發出的飢餓訊號，而是情感訊號——覺得悲傷／生氣／受傷／孤單，觸發我們吃東西的衝動。

回想一下你青少年的時候。還記得在學校外頭抽菸的叛逆孩子們嗎？你一心想要酷，於是開始抽菸。萬寶路牛仔（Marlboro man）可不是呆子，這絕非巧合。看起來酷。抽菸很酷。感覺良好。重複。觸發、行爲、獎勵。每當你進行這個行爲，便會增強這個大腦路徑。在你意識到之前（因爲它不是有意識地發生），你因應某種情感或緩解壓力的方法，便成爲一種習慣。

這是一個關鍵時刻，請慢慢閱讀這段：我們的大腦機制與那位無名穴居人相同，但是，我們這些現代天才卻由學習生存，淪落至任由習慣荼毒自己。過去二十年，情況急遽惡化。肥胖與吸菸是全球發病率與死亡率主要的可預防原因；不受現代藥物影響，焦慮症登頂，成爲最主要的精神疾病。

此外，人們上網的時間大多用於點擊這個或那個、按讚這個或那個，或者因這個或那個而被按讚，以取得少量的多巴胺。這些習慣情況都是由我們的舊大腦所創造，以協助我們在新世界生存。

可是，它的運作並不理想。

我說的可不只是我們所有人一直都在面對的壓力、暴食、購物、不健康關係、上網時間太長或廣泛性焦慮。如果你曾經陷入憂慮習慣迴圈，便明白我在說什麼：

觸發點：想法或情感

行爲：擔憂

結果／獎勵：迴避、過度規劃等

這說的是，想法或情感觸發你的大腦開始擔憂，其結果是迴避負面想法或情感，進而產生比原先想法或情感更具回報的感受。

我們來回顧重點：

我們的大腦演化，以幫助我們生存。當我們還是飢餓的穴居人時，我們利用獎勵型學習來幫助我們記住去哪裡尋找食物。現在，這種學習過程可用以觸發渴望及引發情感……

形成習慣、強迫行爲與成癮。

企業界如今已十分明白這點。食品業花費數十億美元找出合適的鹽量、糖量與脆度，好讓食品不可抗拒。社群媒體企業花費數千小時調整演算法，確保你會被完美的照片、影片和貼文觸發，長時間上網（同時觀看他們的廣告商）。新聞頻道優化新聞標題作爲點擊誘餌。線上零售商在網站設下陷阱，像是「和您一樣的其他顧客也買了……」，讓你不斷搜尋直到購買爲止。這種情況無所不在，而且只會越發強烈及廣泛。

此外，情況比你以爲的更加嚴重：現代世界還有更多「成癮擴大器」正在運作中。

首先，最具渴望基因（意指爲了讓你渴求）的增強學習，稱爲間歇性增強（intermittent reinforcement）。當動物獲得非固定時程或隨機的獎勵（間歇性）時，腦中的多巴胺神經元會比平常更爲活絡。回想一下，如果有人爲了給你驚喜而送禮物或開派對，我敢打賭你會記得，對吧？那是因爲**預料外**獎勵比**預料中**獎勵更能點燃你腦中的多巴胺。

賭場是間歇性增強在商業世界運作的案例之一。他們如此善於利用這點，甚至有一種方程式／演算法讓吃角子老虎機「連線」的次數足以讓人們流連忘返，即使平均而言，每個人都輸錢（賭場的「贏錢」方程式）。

另一個案例：矽谷。間歇性增強遍布在提醒你新消息的所有事物上。要記得，這是我們的舊大腦，把它用以生存的僅有招數運用在今日的快步調與超連結世界，不過，那一部分的大腦分不清楚劍齒虎與老闆半夜寄來的電子郵件。因此，所有的提醒——從古早的美國線上「你收到郵件了」，到你的口袋發出嗡嗡聲，通知你的社群媒體貼文有人按讚了——都會觸發你的舊大腦反應。你的電子郵件、推特、臉書、Instagram、Snapchat、WhatsApp，Trulia三間臥室、二間半浴室公寓附大理石檯面的搜尋結果——任何宣稱協助你保持連結的東西，都是爲了擴大成癮，部分原因是，它們並非以規律間隔發出嗶嗶聲、蜂鳴聲、鳥叫聲或吱喳聲。

第二項現代世界的日常成癮擴大器是「立即取得」。在十九世紀買雙鞋需要花費很多力氣，這是一件好事。如果我渴求一雙新鞋來慶祝美國內戰結束，我無法衝動下單，並在隔天等待新鞋送到我的穀倉門口。因爲購物程序費時費力又緩慢，最重要的是，並非立即取得。我必須謹愼思考成本與回報：我原本的鞋子是否眞的不能穿了，還是可以再穿一陣子？

時間是讓我們滿心興奮的關鍵所在（哇，新鞋，好開心啊！），因此重要的是，讓興奮消退。時間會讓我們有清醒的「時間」，當下的甜滋滋便會消散爲實際的需求。

然而，在現代世界，你幾乎可以即時滿足任何需求或欲望。壓力太大嗎？沒問題，杯子蛋糕就在街角。無聊嗎？查看 Instagram 的最新貼文。焦慮嗎？觀看 YouTube 的可愛小狗影片。「需要」一雙新鞋嗎（因爲看到有人穿了一雙你非要不可的好看鞋子）？立刻上亞馬遜網站。

我實在不想告訴你這件事，但是……你的智慧型手機，只不過是你口袋裡的廣告看板而已。更過分的是，你還花錢讓它不斷向你打廣告。

藉由結合舊大腦的獎勵型學習、間歇性增強與立即取得，我們創造出一種現代習慣與成癮的危險配方，遠超過我們對於藥物濫用的一般想法。

我說這些不是爲了嚇你。我希望你了解你的心理是如何運作的，以及現代世界是如何設計來製造成癮行爲並加以利用。爲了成功運用你的心理，你首先必須知道你的心理運作的方式。當你了解你的心理是如何運作，就可以開始運用；就這麼簡單。現在，你已明白你的心理如何形成習慣，藉由這項了解，你已準備好下一步：釐清你的心理。

準備好接受第一項反省了嗎？

焦慮比大部分習慣更加棘手。如果想要管理焦慮，你需要一項由下而上的方法，所以，我們由簡單的問題著手。你的三種主要習慣與日常成癮是哪些？儘管具有不良後果，你一直在做哪些壞習慣及不良行爲？

第4章

焦慮是一種習慣迴圈

當我在研討會或採訪中被問到關於習慣迴圈的問題時，我發現很少人知道，其實焦慮也可能是一種習慣迴圈。

若要了解原因，就要再來看看舊大腦。

想像一下，我們的遠古祖先在大草原上的情境。他們的穴居人大腦只注重兩件事：找到食物，以及不要變成別人的食物。在農業出現以前，我們的祖先必須探索未知的土地，尋找新的食物來源。當他們搬離熟悉的地方，去到未知的土地，大腦就會進入高度警戒。爲什麼？因爲他們不知道這裡是不是安全的。他們會保持警戒，直到探索完新的土地，並排除這裡是否有危險。越是深入探索、排除危險，他們就越能確定這個地方是安全的。

我們的祖先並沒有自覺，但實際上他們的行爲就等同於現代的科學實驗。他們收集越多能證明新土地安全的「數據」，就越能感到安心，可以讓大腦解除警戒狀態，放下戒備，在這塊土地上休息。現代科學家會不斷重複同一項實驗，收集到的相同結果越多，就越能相信該實驗的結果及其結論是正確的。甚至有一個統計學術語叫做「信賴區間」，信賴區間代表，我們（從統計學的角度來說）對於重複實驗能維持相同結果，具備多少信心。

從穴居人到科學家，我們的大腦一直都很討厭不確定性，它讓人害怕，也讓人很難預測接下來會發生什麼。無論是「我會不會被獅子吃掉？」還是「我的科學理論是正確的嗎？」，兩者在我們大腦中留下的大略印象是相同的，會造成一種感覺——一種想要趕快行動的衝動。如果事情沒那麼嚴重，我們可能會覺得不確定性像是一個癢處，正在對我們說：「嘿，我需要更多資訊，去搜集一些給我。」如果潛在的危險很嚴重，或者威脅已是燃眉之急，那個癢處就會變得非常、非常癢，促使我們馬上做出行動。這種焦躁不安的感受，會催促我們的原始大腦去看看那個把我們吵醒的奇怪聲響是什麼，這樣才能確定是不是有什麼野獸要過來把我們吃掉。

要記得，焦慮的定義是「一種擔憂、緊張、不安的感覺，通常是針對某個即將發生的事件，或某個無法確定結果的事物」。如果有許多不確定性，我們就會感到焦慮，開始搔抓那個說著「快做點什麼」的癢處。壓力或焦慮會觸發我們的穴居人大腦，使它有種衝動，想要走出洞穴去外面看看自己是否該做什麼（引發某種特定行爲）；如果我們的大腦碰巧想出某個感覺像是解決方案的東西（我沒看見任何危險），我們就會得到獎勵，覺得焦慮程度降低。

觸發點：壓力或焦慮

行爲：尋找解決方案

結果：找到解決方案（有時候）

就像在賭場玩吃角子老虎機，它會讓我們贏得夠多次，好讓我們想要繼續回來玩。

許多研究都顯示焦慮會作爲負增強習慣迴圈，不斷持續下去。過去數十年來，賓州州立大學的研究員博柯維奇（T. D. Borkovec）撰寫了許多學術論文，顯示焦慮會觸發擔憂。一九八三年，博柯維奇及同事將擔憂形容爲「一連串充滿負面情緒、難以掌控的想法及畫面」，代表著嘗試在心裡解決某個無法確定結果的問題。當擔憂被負面情緒（如恐懼）觸發，它可能會被當作一種逃避不愉快情緒的方式，並因此被增強。

觸發點：負面情緒（或想法）

行爲：擔憂

結果：逃避或轉移注意力

在字典裡，擔憂可以是名詞（「我沒有任何的**擔憂**」），也可以是動詞（「我**擔心**我的孩子」）。擔憂是一種心理行爲，會導致焦慮的感覺（緊張或不安）。除此之外，焦慮的感覺還可能觸發擔憂的行爲，形成循環：

觸發點：焦慮

行爲：擔憂

結果：感到更焦慮

這個擔憂的心理行爲只要重複幾次，大腦就會形成習慣，在每次感到焦慮時就嘗試去做它。然而，其中有多少次是眞正想出能解決問題的辦法？擔憂實際上有多少次能幫助我們發揮創意或解決問題？擔憂會按下恐慌的開關，讓我們手忙腳亂地嘗試能把焦慮趕走的一切辦法。

拿出智慧型手機查看新聞或是回覆幾封電子郵件，也許可以短暫消解焦慮，但這只是建立了一個新的習慣，只要你有壓力或感到焦慮，就會轉移注意力。當轉移注意力沒有效果時，你就必須想出另一種解決方案。這可能會導致更多的擔憂，然後，擔憂的想法又會觸發擔憂。一點好處都沒有，不是嗎？讓人驚訝的地方在這裡：即使擔憂沒有意義，我們的舊大腦還是會繼續嘗試。要記得，大腦的工作是幫助我們生存，因爲它在某個時候將「解決問題」和「擔憂」連結起來了，所以它會認爲擔憂是最好的選擇。大腦會一直去拉那台擔憂的吃角子老虎機，希望可以得到解決方案的大獎。

「解決問題」的問題所在

因此，你應該可以理解，擔憂會變成一種能使你轉移注意力、忘記難受的焦慮感覺的心理行爲，或者讓你誤以爲自己對事情有所掌控，因爲你正在解決問題（理論上）。即使你實際上沒有解決任何問題，只會因爲擔憂而不受控制，但這種「以爲自己好像有在做什麼」的感覺，會成爲一種獎勵。畢竟「正在擔憂」就是「正在做某件事」嘛，即使你沒有將它視爲一種行爲，它就是正在發生。心理行爲仍舊算是一種行爲，仍然會造成實際結果。

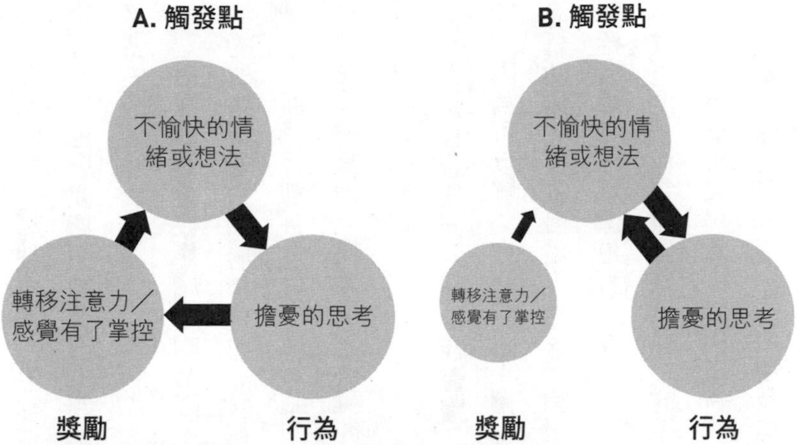

(A) 會導致擔憂循環的習慣迴圈：不愉快的情緒觸發擔憂的心理行為，以轉移注意力或者產生掌控的感覺。**(B)** 當轉移注意力所產生的「獎勵」減少、消耗光了，或者已經無法與不愉快的情緒及擔憂所結合起來的負面能量抗衡，擔憂就會觸發更多的焦慮（形成不愉快的情緒），然後就會觸發更多的擔憂，並循環下去。

然而，擔憂有兩個主要的缺點。首先，如果擔憂之後沒有想出解決方案，它就會觸發焦慮，焦慮會觸發更多擔憂，然後繼續循環下去。第二，如果擔憂是由焦慮單獨觸發的，那麼有可能實際上並沒有什麼值得擔心的事物。我的患者常常這樣形容：他們早晨醒來，沒有任何刺激源，當天或未來也沒有什麼特定的事件好擔憂的，但他們就是焦慮。我們的焦慮計畫中，有位參加者這樣說：「早晨的強烈焦慮讓我特別困擾，它讓我驚醒。」在他們嘗試要弄清楚自己到底應該擔心什麼的時候，這種焦慮的感覺使得他們的擔憂加速推進。當他們無法找到應該擔心的事物時，就會形成擔憂的習慣，開始擔憂未來隨便某一件事情，無論那件事是否有擔憂的必要。

這就是廣泛性焦慮症的基礎，《精神疾病診斷與統計手冊》（精神科醫師診斷精神疾病的聖經）對它的形容是，症狀包含「對各種主題、事件、活動表現出過度的焦慮及擔憂」，而我特別喜歡最後這句話的主觀性——「而且是明顯過度」。《精神疾病診斷與統計手冊》還寫道「擔憂令人感覺非常難以控制」，這應該很明顯，要不然人們也不會來尋求精神科醫師的協助。

擔憂有著如同「變身怪醫」（Jekyll and Hyde）的雙面性。起初它看似善良、有所幫助，因爲可以解決你的問題；擔憂看似會負起責任與義務，試圖解決眼前一切問題，盡可能幫助你生存。但是，不要被騙了，它的內在是壞的，如果找不到解決方案，它很快就會開始攻擊你。就像是有人掉進了一條波濤洶湧的河裡，擔憂會不停在岸邊向你大喊，試圖尋求幫助；但它會瘋狂地抓你的手腳，讓你失去平衡、被捲入急流之中，或者被捲入永無止境的焦慮漩渦，看不見出口。

如果你沒有發現你的擔憂及焦慮會爲了嘗試不要溺死，而不停將你的頭按到水裡，那麼「焦慮觸發擔憂觸發焦慮」的習慣迴圈是很難打破的。如果你有擔憂的傾向，也許你可以把這些習慣迴圈寫出來，看看它會帶來什麼。

然而，寫出習慣迴圈只不過是解決焦慮的第一步。身爲精神科醫師，我查詢過各種研究及實證治療（evidence-based intervention），以便找出最佳方法來幫助人們克服焦慮。身爲研究者，我非常想知道如何做到這件事，這樣才能幫助身爲精神科醫師的自己，找出實證療法。

過勞文化下的流行病

醫師是醫護人員當中容易得到過勞這種流行病的一個群體。即使是在新冠肺炎之前，面對與日俱增的壓力，醫師以驚人的速度放棄並投降。許多的壓力都與喪失自主權有關，私人診所被吞噬、合併，由企業（以及無法避免的中階主管）經營；電子病歷的出現，迫使醫師在看診時必須花更多時間盯著電腦螢幕，而不是看著患者的臉。

醫學院教導的是在壓力及焦慮探出頭時，我們要「武裝起來」，這樣才能對抗它，不讓它妨礙我們去救助那些正在受苦的人們。我們犧牲奉獻的生活，可用我的一位外科教授說過的話來總結，他諷刺地說：「看見甜甜圈就吃甜甜圈，能睡覺的時候就睡覺，然後不要去弄胰臟。」基本上就是在說，照顧病人的優先順位，比我們的基本需求還要高（以及胰臟眞的是一個很難做手術的部位）。回顧我的訓練時期，我發現在面對情緒時，這不是一種長久（或者健康）之計。

沒有任何已發表的研究顯示醫師的焦慮與過勞之間的關聯，但根據傳聞，事實非常明顯。醫學院沒有進行情緒處理的有效訓練，也喪失了診所環境的自主權，還有爲了要讓更多患者的「相對價值單位」（relative value unit，簡稱 RVU，這是一個眞實用語，我的診所就是用這個來評價我的）達標所造成的壓力，綜合起來似乎就引起了焦慮及過勞的龍捲風。

在醫院的資助之下，我的研究室進行了一項簡單的研究，看看我們能否藉由覺察訓練，來幫助醫師們注意到擔憂的習慣迴圈，以達到減輕焦慮及過勞的效果（第六章和第八章會有更多關於覺察的內容）。

因爲獎勵導向學習機制會在某些特定情境下加強某些行爲（別忘了，它最初的用意是要幫助我們記住食物來源在哪裡），所以我們並沒有嘗試在臨床或研究背景下教導人們學習覺察，而是利用手機應用程式「鬆綁焦慮」（Unwinding Anxiety）來進行覺察訓練，讓人們可以在日常生活中使用。我們設計的應用程式是透過提供每日短片（一天不到十分鐘）、動畫，以及在人們感到焦慮時可於當下立即使用的練習，來進行覺察訓練。藉由使用三十個核心模組，人們會先找出自己的焦慮習慣迴圈，然後再學習如何處理（使用你在本書中即將學到的相同工具）。這種模式對於忙碌的醫生們而言尤其重要，因爲他們通常都很犧牲奉獻，很難將原本花費在幫助他人的時間挪用來幫助自己。（這項研究完全是我的研究人員亞歷山卓．羅伊〔Alexandra Roy〕的功勞，她負責收集並分析所有數據。）

我們發現，在開始治療前，六〇%的醫師有中等至嚴重程度的焦慮，此外，超過半數醫師表示自己每週至少有幾次會感覺過勞。我們也發現焦慮和過勞之間有強烈的關聯（有〇．七一的關聯，零是不相關，一是完全相關）。使用這個應用程式三個月後，醫師回報的焦慮指數驚人地下降了五七%（以焦慮自我評估量表 GAD-7 進行臨床評估）。即使我們沒有在訓練中特別加入任何針對過勞的方法（此項訓練是單獨針對減少焦慮），還是發現過勞的程度有了顯著的下降，尤其是在憤世嫉俗這方面（人們對制度感到越來越不信任），而這個問題很容易被焦慮給推動：

觸發點：收到一封電子郵件，通知我的相對價值單位沒有達標

行爲：想到制度有多麼爛，而且只會繼續惡化下去

結果：變得更憤世嫉俗、過勞

我並不是在說這個應用程式可以解決我們醫療體系的問題；事實上，我們的研究指出，有些過勞的原因是來自於個人，而非體系。舉例來說，我們發現憤世嫉俗程度下降了五〇%，但情緒耗竭程度只減少了二〇%。這很合理，因爲憤世嫉俗是醫生的個人問題，但情緒耗竭卻與體系有著很大的關聯。如果爲了損益表，我們被迫要犧牲品質以換取官僚所要求的數量，那麼學會找出習慣迴圈，對憤世嫉俗的幫助一定會較大，而不是對情緒耗竭有所幫助（我們的研究結果正是如此）。我希望醫師和其他醫護人員也可以透過覺察訓練，學會將習慣性的憤世嫉俗，轉變爲找出體系問題並提倡改變的力量。

有了這份研究數據所帶來的勇氣，再加上美國國家衛生院（NIH）的資助，我的研究室開始進行一項更大型的隨機對照試驗（也就是讓兩組人接受不同的療法，但其他所有條件都保持相同），我們從一般人當中選取受試者，希望可以更加廣泛地幫助處理焦慮問題。在這項研究中（同樣是由亞歷山卓領導的），我們隨機讓符合廣泛性焦慮症標準的人，持續採用原本使用的臨床治療（藥物或療法等），或者額外再加入手機應用程式的覺

察訓練。

廣泛性焦慮症患者使用應用程式兩個月後，焦慮程度減少了六三％。我們用數學模型來計算覺察訓練的效果，發現覺察可以減輕擔憂，進而達到減輕焦慮的效果。我們已經可以確認，訓練人們注意並處理擔憂的習慣迴圈，在臨床上能夠達到非常有意義的成果。中等至嚴重程度的焦慮已經降回一般程度了。

研究的參加者很高興看見自己的焦慮程度下降了，而且六三％真的是很高的數字。但

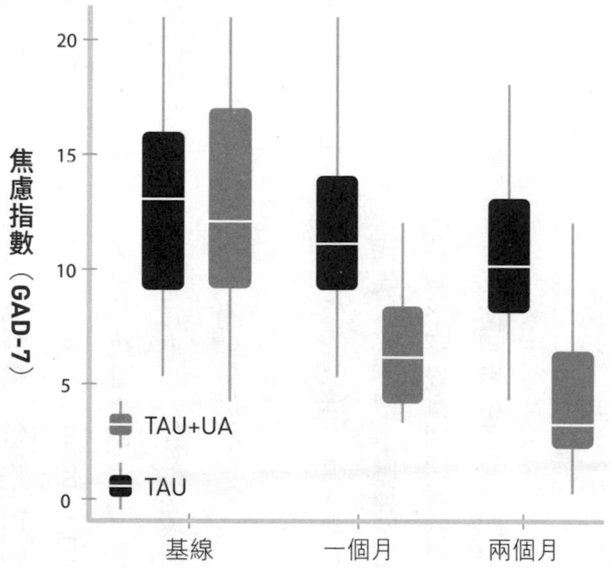

手機應用程式的覺察訓練可有效減輕焦慮。隨機安排使用應用程式「鬆綁焦慮」（UA）的廣泛性焦慮症患者，減輕焦慮的效果遠大於使用常態治療（TAU）的患者。

是，六三％實際上到底是什麼樣子？醫學界想出了一些簡單的指標，以評估某個東西**在臨床上是否意義重大**——基本上就是一項療法能夠達到多大的效果。當然，因爲是在醫學領域，這個指標有一個縮寫：NNT，代表「需治人數」（Number Needed to Treat）。

舉例來說，治療焦慮的黃金標準藥物（此處舉例爲抗憂鬱劑）的NNT是五．一五，意思是必須讓超過五個人服用這種藥物，才能看見其中一人身上出現療效。這有點像買樂透：五個人服用藥物，有一個人中獎（也就是症狀有顯著的減輕）。

我們的研究NNT是一．六。

身爲臨床醫師，我很高興能發現竟然有NNT這麼低的療法。這代表有更多人能夠中獎，舉例來說，與NNT五．一五相比，一．六代表只要買兩次樂透就能中一次，而不是買五次才能中一次。身爲科學家，對於任何一個想要了解覺察訓練對於改變習慣有什麼效益的人來說，能直接深入這個機制也令人非常滿足。使用者給予我們的回饋也同樣讓人高興：

我開始感到焦慮，腦海中浮現回饋迴圈的圖片。我開始回溯自己的想法，赫然發現我的一切想法，都明顯指向未來某個時間將出現最糟情境的結局。光是對於回饋迴圈的認知，便使我的想法變得較不私人性、較不令人擔憂，因爲我明白它是一種心理習慣或是一個故事。

我開始想到，這些年來，我一直騙自己相信焦慮是具生產力的，甚至是一種獎勵。一旦想到工作（觸發點），我便立即陷入憂慮或分心（行爲），結果變得更加焦慮（獎勵／結果）。在這項計畫的前幾天，我對迴圈感到不解，懷疑焦慮怎麼可能像是一種獎勵。獎勵？那種感覺糟透了！可是，我覺得自己領悟到一些東西：對我而言，感到焦慮儘管很糟，卻像是「正確」的感覺，是一種有待未來完成任務的合適反應。畢竟，這種不安可創造生產力，似乎是合乎邏輯的。

我了解爲什麼我會用食物來迴避或掩飾或分散不安的情緒，像是憤怒、悲傷或焦躁。誰想要感受到這些情緒？觸發點：不安情緒。行爲：吃東西以暫時消除那種情緒。結果：仍然必須處理不愉快的情緒，外加糖分會引發頭痛！我可以明確看出自己陷入這個習慣迴圈，企圖用食物來逃避不愉快的情緒，但是終究不管用。

僅僅只是理解焦慮的誕生和壯大，是來自於重複進行、形成自我循環的習慣，並不會神奇地讓焦慮消失。概念上的理解只不過是第一步。有許多患者來到我的辦公室，理解概念之後就離開，接下來只會徬徨地不知道該做什麼而已。我花費了許多年，觀察人們到底需要什麼，才能從理解概念到眞正成功解除焦慮問題。無論你信不信，比起大腦，這件事更適合解釋成一個與自行車有關的三步驟。

我從小到大都在騎自行車，是它讓我逃離麻煩。一開始是BMX自行車，只有單速，接下來是十速公路車，最後是登山車，有完整的二十一速。騎登山車時，你永遠不知道接下來是要爬陡坡、騎在平坦路段，還是慢慢地騎下坡。這就是變速的方便之處：第一檔讓我可以爬坡，二十一檔則會幫助我慢慢騎下剛才爬上來的山坡。這也是爲什麼汽車有不同檔位——讓你在任何地形之下都能前進。

在我開設了幫助人們解決壓力及暴食困擾的計畫（名爲「現在就吃」〔Eat Right Now〕）之後，我想到這個檔位的比喻。任何參加計畫的人，都能免費參加每週的影片直播會議，在會議中詢問有關覺察的練習及背後科學原理的問題。我會確保人們理解了概念，並正確地進行練習；如果人們遇到困難，我會提供建議，讓他們保持前進。這項計畫在線上與正念中心（原本是在麻州大學醫學院，現在是在布朗大學）線下進行了一年多後，我發現人們在進行計畫時，都會出現同樣的傾向。人們似乎會很自然地遵循某個順序，這個順序可拆分爲三個簡單的步驟。當然，我首先想到的就是檔位，因爲這是很完美的比喻，適合用來形容他們的經驗。我將在本書中持續使用檔位的比喻，讓你便於理解。

第一部（第一檔）會教你開始釐清自己的焦慮「習慣迴圈」。

第二部（第二檔）會幫助你利用大腦的獎勵機制，有系統地處理焦慮問題，以及其他習慣。

第三部（第三檔）會幫助你利用自身神經系統能力，擺脫與焦慮相關的習慣（例如擔憂、拖延、自我批評），並養成可能帶來益處的新習慣（例如好奇及關愛）。

一般來說，我發現人們通常可以很快學會第一檔（至少在概念上），但是，到了第二檔就會開始遭遇一些困難。即便如此，多數人還是能很快學會進入第三檔所必需的技巧，並在接下來的幾年內愉快地鑽研、琢磨、精進第三檔的技巧。有些人會在第一檔及第二檔花費許多時間，才準備好進入第三檔。無論你是哪種情況，每一檔都會**使你前進**，而接下來的章節會告訴你，擺脫焦慮（及其他習慣）所需要理解的概念與實際的練習。

第一部

釐清你的心理：第一檔

沒有人可以回到過去創造新的開始，但每個人都可以從今天開始創造新的結局。

——瑪莉亞・羅賓森（Maria Robinson）

第5章

如何釐清你的心理

我的精神病門診是專門治療焦慮及成癮症。以下是一名患者的故事。

約翰（化名）是一位六十幾歲的男士，他的家庭醫師將他轉介給我，以解決他的酗酒問題。問題很嚴重，約翰幾乎每晚都會喝六到八杯酒。我問他，是什麼事情導致他酗酒，他說他是一名自營作業者，有個壞習慣就是會把注意力都放在桌上堆著的所有工作。看著那些還沒做完的工作，會讓他感到很焦慮。他會藉由看電視或電影來緩和這種焦慮，而不是眞正去做那些該做的工作。到了最後，他發現自己什麼事也沒做，這會使他的焦慮加劇，並開始酗酒，想麻痺這種感覺。當他隔天早上醒來時宿醉，罪惡感就會變得更強烈，而他會告訴自己，今天一定會跟昨天不一樣，他會做得更好。但是，這樣的意志力只能維持一小時左右，他很快又會回到同樣的狀態，重複這個循環，日復一日（下一章會有更多內容說明意志力爲什麼會失敗）。

我拿出一張白紙，和約翰一起將他主要的酗酒習慣迴圈寫出來：

觸發點：下午覺得焦慮

行為：開始喝酒

獎勵：麻痺、遺忘、感受醉酒的愉悅

這個習慣迴圈寫在紙上看起來或許很簡單明瞭，但對約翰來說卻是當局者迷，旁觀者清。我向他解釋，這是他的大腦學習及生存的機制，他不該責怪自己遭遇這樣的困難。許多人有焦慮的困擾，也會藉由喝酒來減輕這種感覺。我們之中有多少人是在高中時參加派對，第一次接觸到酒精，很快就發現喝酒會讓我們忘乎所以、更加放鬆？

討論完基礎的事情之後，我和約翰就可以找出他拖延的習慣迴圈：

觸發點：早晨因為看到今天有很多必須做的工作而覺得焦慮

行為：拖延

獎勵：逃避

以約翰來說，這些習慣迴圈所帶來的負面影響，已經嚴重到他的醫師必須將他轉介到我這裡。他嚴重過胖（他酗酒是喝威士忌，一小杯的熱量就超過一百大卡，所以他每天光是酒精就攝取了將近一千大卡），肝也出現了損傷的跡象。再者，他的事業面臨失敗，因爲他的工作進度實在落後太多（即使他的工作能力很不錯，也很喜歡自己的工作）。

只不過花了幾分鐘與約翰見面，並幫助他找出自己的習慣迴圈，我就發現他的態度有了很大的轉變。他走進我的辦公室時看起來既焦慮又無助，認爲自己永遠也無法改變了。但是，在我們清楚整理出他的習慣迴圈——也就是他一直以來都無法察覺到的「因爲焦慮而觸發酗酒，作爲一種麻痺自己的方式」之後，他就變得生氣蓬勃並充滿希望。

我有許多患者都是徬徨了好幾年，完全不知道自己的心理是如何運作的。當他們第一次看見並了解自己的習慣迴圈時，都是非常欣喜滿足的。就像是他們一直站在一個漆黑的房間裡，爲了嘗試有哪些方法可以幫助他們改變習慣而到處遊蕩、不斷碰壁，突然間某人打開了燈，照亮了他們心裡的那個黑箱。

我給了約翰一些簡單的指示，讓他回去整理出所有與焦慮相關的習慣迴圈，然後就讓他回去了。

數週後，約翰又來到我的辦公室，他甚至都還來不及坐下，就興奮地開始向我一一說明，他對於自己的心理有哪些新發現。除了明確找出焦慮的習慣迴圈之外，他還發現酗酒只會讓自己的焦慮及健康問題更加惡化——宿醉導致他更加焦慮，也讓他每天都無法提起幹勁來完成工作，所以他必須立即戒酒。*約翰明白了最大的問題是焦慮，酗酒並不會有所幫助；事實上，喝酒只會讓情況變得更糟。

約翰還找出了另一個重大的習慣迴圈，是關於他和妻子的互動。約翰是美國人，妻子是中國人，他們是在不同的文化圈長大的，所以不知不覺間觸發了約翰的焦慮。整體來說，他和妻子關係良好，但某些時候她會提高音量說話，以她的文化背景來說是極其自然的事，但對約翰來說卻不是，這就會導致約翰焦慮。他們可能正在輕鬆地聊天，妻子說到某件興奮的事情，就會改變說話的音調，光是這樣就足以觸發約翰的焦慮了。

---

* 然而，我必須鄭重強調，若你有嚴重的酗酒問題，並認為自己應該像約翰那樣立刻戒酒，請一定要事先諮詢醫師。如果我知道約翰打算這樣做，我一定會建議他小心謹慎地進行戒酒治療，無論是在家中還是去酒癮治療機構。突然戒酒可能會造成戒斷症狀、癲癇等狀況，甚至可能死亡。約翰自行在家戒酒且沒有發生問題，是很幸運的。

觸發點：妻子用某種方式說話

行爲：擔心會演變成衝突

結果：焦慮

約翰發現這件事時眞的很開心，因爲數年來這件事情時常導致他們產生紛爭。當妻子說話的音調有所改變，約翰就覺得焦慮，然後就會朝妻子大吼。妻子會感到非常困惑，不懂約翰爲什麼突然大吼，於是就做出反應，紛爭就出現了。

觸發點：焦慮

行爲：對妻子大吼

結果：婚姻關係出現衝突

找出這個習慣迴圈之後，約翰很開心地告訴我，他和妻子的關係改善了很多。僅僅只是注意到這個習慣迴圈，他就可以從中跳脫出去。但我們仍須繼續努力；約翰接下來要利用新的理解，來設立新的行爲習慣。當妻子興奮地說話並提高音量時，約翰就要提醒自己，這種過度反應只不過是出於習慣，自己應該要深呼吸並冷靜回答。焦慮的泡泡就此破滅了。

說明第一檔時，約翰是個很好的例子，我們只需要對自己解釋那些讓我們一直處於負面情緒的習慣迴圈，找出拼圖的每一片是如何拼湊並互相影響的。有時候，光是注意到習慣的模式，就能幫助我們從中跳脫出來，獲得顯著的成果。有時候，我們在過程中需要一點點幫助。

你有多少次嘗試強迫自己改掉舊的習慣迴圈，結果依然失敗？如果你不知道其中的運作原理，怎麼可能修好一件東西？找出習慣迴圈是一個很好的開始，我們將這個尋找的動作稱爲第一檔。

第一檔

第一檔就是找出習慣迴圈，並清楚看見這三個不同的要素——觸發點、行爲、獎勵。說得更清楚一點，獎勵是大腦用語，是指某個行爲所帶來的結果在某方面來說是有好處的，這就是爲什麼一開始那個行爲會被加強。也許現在看來這個行爲並不是那麼有益，所以你可以簡單地將習慣迴圈視爲觸發點、行爲、結果。

釐清心理的練習

如果你已經準備好了，就在接下來的幾天嘗試寫出你的焦慮（或其他）習慣迴圈的TBR要素（T＝觸發點，B＝行爲，R＝結果），看看寫出來之後能幫助你看清什麼。現在先不要想著改變它們；了解你的心理的運作方式，是改變的第一步，不要著急。你可以從我的網站上（www.drjud.com/mapmyhabit）下載一個釐清心理的表格，或者就像我幫約翰做的一樣，拿出一張白紙，寫下這三個要素，然後就開始寫出你的習慣迴圈，先從最明顯的開始。

將概念化為實際行動

就像你剛才看到的約翰的例子，找出習慣迴圈似乎是一件相對簡單的事。一旦你清楚看見自己的習慣迴圈之後，就很難再忽視它了。這很重要，對吧？（對的。）

通常來說，一位新患者來到我的診所，或者剛開始採用我的手機應用程式輔助覺察訓練計畫的人，都可以很快地找出自己的習慣迴圈。就像約翰，他們通常都能看見一層又一層的習慣迴圈。當他們了解自己心理的運作方式後，就會感到很興奮，然後就會掉進一個很諷刺的習慣陷阱——立刻嘗試修正它。這就像是你聽到汽車發出奇怪的聲音，就打電話給修理工，等修理工向你解釋問題所在之後，你就回家自己亂弄，以爲你能靠自己的力量修好車子。結果是什麼？你又回去找修理工，而他不僅要修理原本的問題，還得修理被你弄壞的部分。不要落入這個陷阱！

我們一起把這個額外的習慣迴圈寫出來：

觸發點：開始清楚看見自己的習慣迴圈

行爲：嘗試使用以前曾用過的工具來改善它們

結果：沒有效果（意外吧！）

我們會在本書之後的章節深入討論，這些看起來一點好處都沒有的習慣迴圈，到底是如何建立起來的。

除此之外，你甚至可能會加強其他有害的習慣迴圈，例如感到挫折或批評自己（不要擔心，還有一個章節會說明如何解決這種類型的習慣迴圈）。

如果想要克服焦慮、改變習慣，你必須了解自己的心理是如何運作的，以及那些習慣是怎麼建立起來的，包含「嘗試改變自己」的習慣迴圈。在知識或概念上了解一件事情只是第一步。第一檔就是第一檔——吸收知識，了解習慣的形成以及習慣在你生活中扮演的角色，這將會爲你累積速度與動力，等到你掌握了全部的工具，就可以改變它們了。

我在成長的過程中，最喜歡的青少年電影是《小子難纏》（*The Karate Kid*）。小時候我常常搬家，所以我完全可以將自己代入雷夫．馬奇歐（Ralph Macchio）所飾演的角色丹尼爾，那個被酷小孩欺負的新來小孩。還有，哪個少年不想跟伊莉莎白約會呢？丹尼爾最終學會做自己，因而抱得美人歸。在丹尼爾嘗試學習武術以求自保時，宮城先生（丹尼爾的老師，森田則之飾演）並不是交給他一本關於空手道的書、給他作業、要他交出報告。丹尼爾來找宮城先生，非常興奮地想學空手道，但宮城先生知道，如果沒有眞正理解該怎麼做，而只是在概念上學習一件事情，就很興奮地嘗試去做，將會落入什麼樣的心理陷阱。你不可能閱讀一本李小龍撰寫的書，然後走出門就變成李小龍。概念不會揮一揮魔杖就神奇地變成智慧；你必須要努力，**透過自己的經驗**，讓概念轉變爲知識。

在這段著名的劇情裡，「上蠟、除蠟」（wax on, wax off）、替圍欄上漆及洗車等等，最終都爲丹尼爾帶來了成果；這時丹尼爾才意識到，宮城先生是在訓練他不要用頭腦想、而是要用身體學習，以幫助他避免落入自以爲很懂空手道、卻只會嘗試做出自己看過的功夫電影裡的動作而停滯不前的陷阱。宮城先生是在教丹尼爾如何把概念化爲實際行動。

你對這個習慣迴圈是否心有戚戚焉？

觸發點：看見一本關於焦慮（或改變習慣）的新書

行爲：囫圇吞棗地一次讀完

結果：理解了概念，但仍然無法改變習慣

在改變習慣時，概念是很重要的，當你開始寫出自己的習慣迴圈，就會把這些概念化爲實際行動。要注意，寫出習慣迴圈並不會自動解決問題。沒錯，就像約翰一樣，將一個有害的習慣寫下來，確實有可能快速且輕鬆地戒掉這個習慣。事實上，我收到很多表達感謝的電子郵件，是人們看了我的十分鐘TED演講「戒除壞習慣的簡單方法」（A Simple

Way to Break a Bad Habit）之後，眞的成功戒菸、不再拖延大學課業等等。但如果一直都是這麼簡單的話，那些很難改變習慣的人看過這部短短的影片後，早就都把壞習慣踢得老遠、再也不回頭了。TED演講可能充滿啟發性、具有教育性，但通常也就只是這樣；我們必須有耐心地堅持下去，才能看見成果。

許多人都有一些維持了很久的習慣，將它們寫出來，只是改變的第一步。你必須要在概念上跟經驗上都釐清你的心理，才能前往下一步去改變習慣；這就是爲什麼本書的前三分之一都用來寫釐清心理。不要跳過，不要直接進入「解決」的段落，因爲你會落入概念的陷阱——嘗試用思考來改變習慣。做「上蠟、除蠟」練習，你就會發現，從親身經驗當中學習是很重要的。

改變習慣也許需要努力，但……

我曾經教導耶魯大學醫學院學生幫助患者戒菸，教了五年。

這堂課是由一位更資深的精神科醫師轉交給我的，他將他所有的教學精華濃縮成一堂四十五分鐘的密集課程。那些學生在四年的醫學院課程中，就只有這四十五分鐘的時間用來學習如何幫助患者戒菸。學生必須要能夠記住、吸收、實際應用，這堂課程才算有意義、有作用。

我唯一能想到的，就是讓學生做口頭練習，其中包含我十分認眞地說：「跟著我唸一遍下面這個句子。」

這個點子確實不怎麼樣，但當時我所能想出、能夠讓學生保持清醒並學習的最佳方法，就只有這個了。

跟著我說一遍：「身爲你的醫生，今天我所能告訴你的、最重要的事情是，爲了你的健康，現在你所能做的、最有效的事就是戒菸。」這就是我們幫助人們戒菸時的最佳選擇——用清晰、強而有力、個人化的口吻，促使吸菸者戒菸。接下來要問的問題是：「現在，你是否願意嘗試看看戒菸？」醫學院教授用這種像是教幼稚園小朋友的方式來上課，也許會讓人感到有點驚訝；幾乎沒有學生願意複述我的句子。爲了讓課程更有互動性，我還會計時，看看他們可以唸多快。（誰不喜歡來點比賽呢？）從我教導這堂課程到現在撰寫本書，已經過了十年，但是我剛才寫下的句子，仍然是幫助人們戒菸的「黃金標準」。如果你不相信的話，可以去查查看。

培養習慣時，重複動作是最重要的，所以我希望學生們能在這短暫的相處時間內，重複這些句子越多次越好（當然還是要完成課程的其他部分）。然而，我相信一定有更好的辦法可以幫助人們改變習慣！

重點是，改變習慣需要努力，但不一定要是枯燥乏味、無聊，甚至是痛苦的。

所以，跟著我說一遍：

「改變習慣需要努力，但不一定要是痛苦的。」

「改變習慣需要努力，但不一定要是痛苦的。」

再說一次，這樣會更容易記得：

「改變習慣需要努力，但不一定要是痛苦的。」

現在你已經記住了改變習慣時很重要的一個部分。下一步就是看看如何駭進你大腦中形成習慣的機制，不是要去對抗它，而是利用它的力量，讓它幫你做事。如此一來，你的心理肌肉就不會感到痠痛，也就沒有受傷的必要了。

找到屬於你自己的故事線

好的電影或是暢銷書作者會跟隨著主角旅程的起伏，讓故事線變得有趣，說故事這件事打從一開始就是這樣了，但是，直到一九四九年才被作家約瑟夫・坎伯（Joseph Campbell）有系統地整理成冊。在娛樂產業當中，這已經成爲了基礎方程式——做出引子（一個尚未解決的問題，讓人好奇該怎麼解決它），用引人入勝的方式說故事（有緊張局面、掙扎、困難等），確保故事結局不一定要快樂、但必須是完美結束（解決）。也許你會發現，這種獎勵型學習的要素，也出現在讓我們想要一部接著一部看下去的電影裡，或者是《哈利波特》系列小說裡，讓我們想要一本接著一本讀下去：

觸發點：緊張局面

行爲：主角的旅程出現了掙扎等等

結果：解決

當一個精彩的故事結束了，我們就會渴望下一個。

同樣的方程式也出現在瘋狂追劇上，只是有點不一樣。假設你正在製作一部戲劇，例如《權力遊戲》（*Game of Thrones*），要是你希望觀眾一季接著一季、每季都回來觀看，那你該怎麼做？沒錯，你可以把解決的部分拿掉，看起來就會像是這樣：

觸發點：緊張局面

行爲：主角的旅程出現了掙扎等等

結果：沒有解決

沒有解決，感覺就像是你在登山時坐在樹林裡小憩一下，接著突然發現自己其實是坐在一座蟻窩上。當你開始感受到無窮無盡的搔癢感，大腦就會發出警報，大喊著：「失火了！失火了！趕快滅火！」幸運的是，網飛（Netflix）把滅火器放在很容易取得的地方，也就是「下一集」按鈕，事實上，他們推測你根本沒有耐心等待，甚至會自行幫你按下這個按鈕。

若要改變習慣，你必須體會故事中的主角（這很簡單，就是你本人）、情節（你的習慣）、疑惑（爲什麼你吃M&M's巧克力時一定要先吃綠色的、再吃咖啡色的？）、緊張局面（你做得到嗎？）、解決（你做得到！）。

在本書中，我們要緊緊貼著故事線。這就是爲什麼你必須謹慎且細緻地寫出你的習慣迴圈。沒錯，就像《小子難纏》裡的丹尼爾一樣，他並不喜歡爲地板打蠟、漆圍欄、洗車；你可能也會覺得，釐清你的心理是一個無聊、枯燥乏味的工作，而且是一件很辛苦的事。然而，這份釐清心理的工作，卻是幫助你走過自己主角旅程的一項很關鍵的要素，如此一來，最終你才會擁有一個很棒的眞實故事可以分享。

第6章

為何你之前使用的抗焦慮（及戒除習慣）的方法會失敗

現在，你已經了解一些大腦運作的基礎，我們要開始進入解決方案了。心理學家及治療專家發展出數種戒除壞習慣的策略，從焦慮、暴食到拖延都有。然而，這些方法是否有效，通常取決於個人的基因組成。幸運的是，現代科學可以解答某些古老方法是如何整合舊大腦和新大腦，並打敗壞習慣（無論你在基因方面運氣如何）。不過，首先讓我們回到前面說過的大腦模型。記得嗎？舊大腦會幫助我們生存。除了獎勵型學習，它還有另一招：盡快將學會的東西變成「肌肉」記憶。換句話說，大腦的結構就是要形成習慣，這樣才能把空間清乾淨，用來學習新事物。

想像一下，如果每天早上起床都必須重新學習如何站立、穿衣服、走路、吃飯、說話……你到中午就會累死了。在「習慣模式」下，我們能夠快速行動、不必思考，我們的舊大腦會跟新大腦說：「別擔心，我有辦法。你不需要把能量花在這裡，可以去想點別的。」我們的新大腦（例如前額葉皮質）之所以能演化出思考及規劃未來的能力，有一部分是歸功於這樣的勞力分工。

這就是爲什麼即使你已經努力將它們寫出來，以前的習慣還是會持續下去。如果還有空間能塞得下更多垃圾，沒有人會想花費一個美麗的週末早晨待在家整理雜亂的衣櫃；只有在衣櫃已經滿到爆開來的時候，你才會被迫要清理它。你的大腦也是一樣，除非情況危急，否則它不會拋棄舊的東西。大腦中比較新的那部分，會把時間花在「更加重要」的事情上，例如規劃下一次的假期、回覆電子郵件、學習在這個瘋狂世界保持冷靜的新技巧、研究最新的營養潮流新知。

前額葉皮質除了負責思考及規劃未來之外，也是用來控制衝動的地方。舊大腦的運作是採取資源匱乏模式，它隨時都在擔心你會餓死。如果你看見一個甜甜圈，舊大腦會衝動地想要撲上去，想著：「熱量！生存！」你可能會想起新冠肺炎剛開始流行時，大家瘋狂搶購生活用品——衛生紙、麵粉、義大利麵。如果你在商店裡，看見別人的手推車裡堆得滿滿的，你也會衝過去把架上剩餘的東西掃光，即使家裡還有很多存貨。相反地，新大腦會對舊大腦說：「先等一下，你剛剛才吃過午飯，這東西不健康，而且你根本不餓！」或者是：「家裡有很多衛生紙，現在不需要再買更多了。」你的新大腦是那個理性的聲音，提醒你在吃點心之前要先吃蔬菜，它也是大腦中幫助你堅守自己新年新希望的那個部分（諷刺的是，它也是在你失敗時出來批評自己的那個聲音，之後會有更多詳細內容介紹這部分）。

現在，我們要來討論某些你聽說可以解決焦慮或負面情緒、改善根深蒂固的壞習慣，甚至可能已經親自嘗試過的策略，以及它們爲什麼沒有效果。這會讓你有個基礎，以理解它們如何應用在焦慮習慣的循環裡，例如過度擔心。

戒除習慣的策略（一）：意志力

當你仰賴意志力時，你的新大腦應該要向舊大腦說現在該去登山健行了，然後吃飯時不要點漢堡而要點沙拉，對吧？當你焦慮時，只要運用意志力叫自己放鬆，然後就能眞的放鬆，這樣才對吧？表面上看起來，意志力應該要有用才對，但實際上卻有兩個大問題。

首先，針對以前某些關於意志力的看法，近期研究發出質疑的聲音。[16]有些研究表示，基因讓某些幸運的人意志力特別強大，也有一些研究表明，意志力本身就是一個迷思。[17]即使是認同意志力眞實存在的研究，也表示更加自律的人其實並不會更容易達成自身目標——事實上，他們越是努力，就越覺得空虛。[18]簡短的結論就是，傾注全力、咬緊牙關、強迫自己「做就對了」，可能會是一種適得其反的方法；這在短期內也許會有效，或者讓你感覺自己有在做點什麼，但長期下來，在眞正關鍵的時刻不會發揮效用。

再來，也許意志力在正常情況下是有效的，但是當你壓力很大的時候（遇到劍齒虎、老闆寄電子郵件來、跟伴侶吵架、疲勞、飢餓），你的舊大腦會將主導權搶過來、推翻你的新大腦，基本上就是將新大腦整個關閉，直到壓力解除。[19]所以，就在你需要意志力——也就是前額葉皮質／新大腦的時候，它根本就不在那裡，直到你的舊大腦吃杯子蛋糕吃到它覺得好多了，之後新大腦才會恢復上線。我們要這樣看待前額葉皮質：它是大腦裡最年輕、最不曾經歷演化的部分，也是最弱的部分。這代表我們將所有的信賴，全都放在大腦中最弱小的那個部分，並指望它能限制我們不要被誘惑所吸引。這也難怪許多人會覺得很有罪惡感。對大多數人來說，缺乏意志力並不是我們的錯，而是大腦構造（以及演化）的錯。

依靠意志力對抗焦慮是符合邏輯的，但大眾都有點被誤導了。我的朋友艾蜜莉是一名位高權重的律師，無論是在現實還是在想像中，都能在一片混亂當中想到脫困的辦法，當她恐慌發作時，她會對自己說：「妳覺得自己好像要死掉了，但其實妳不會死，這只是妳的大腦在騙妳，妳可以**自己決定**接下來要怎麼做。」她是那百萬分之一的人，大腦受到高度訓練，並對她唯命是從。如果我們其他人都可以像這樣簡簡單單地，在焦慮探出它醜陋的腦袋時，只要告訴自己不要焦慮，就能眞正停止焦慮的話，我就可以很開心地轉行，不當精神科醫師了。我們的大腦不是這樣運作的，尤其是當壓力及焦慮迫使原本應該讓我們保持理性的那部分大腦停止運作時。如果你不相信我，或者不相信數據，下次當你感到焦慮時，試著叫自己冷靜下來，看看會有什麼結果。如果你想要更進階的挑戰，試著用你父母的嚴厲語氣命令看看。

戒除習慣的策略（二）：替代品

如果你想要X，就用Y來代替。就像意志力一樣，替代品也需要依靠新大腦的力量。這種方法有許多科學爲其背書，也是在成癮精神病學中很常使用的一種方法。舉例來說，如果你戒菸時想要吸菸，就用吃糖果來代替。這對一小部分人而言有效（也是我在住院實習時期學到的一種方法），但我的研究室所做的研究及其他研究均顯示，這種方法無法根除渴望本身。這個習慣循環還是維持不變，只是把行為換成另一種更健康的東西（好好，我們可以之後再來爭論糖果到底健不健康，但你懂我的意思吧）。因為習慣循環本身仍存在，所以你就有可能在未來某一天又退回到舊的習慣去。

這種方法也被建議用於處理壓力及焦慮。當你焦慮的時候，就在社群媒體上看看可愛的小狗圖片，讓自己轉移注意力。我們手機應用程式的一位使用者甚至自己寫了一個機器人程式碼，會自動轉推小狗圖片，這樣他就不用自己去搜尋了。他只要打開推特，就有無限的小狗圖片可以不斷往下滑。這並沒有改善他的焦慮和拖延症，而且你在本書第三部將會看到，我們的大腦會開始對這種策略感到疲乏。

戒除習慣的策略（三）：整頓你的環境

如果你禁不起冰淇淋的誘惑，那就不要在冰箱裡放冰淇淋。再一次，這個方法與討厭的新大腦有關。有些針對整頓環境的研究顯示，較為自律的人會將生活規劃好，讓他們打從一開始就不需做出必須自律的決定。[20]養成每天早上都運動的習慣、買菜時選購健康的食物、保持身材苗條，或是煮富有營養的料理，將這些事情變成一種固定模式後，自然就比較有可能遵守。但這裡有兩大問題：（一）你必須眞正養成做健康事情的習慣；（二）當你因爲舊習慣在大腦中比新習慣更加根深蒂固而失敗時，你很可能會退回舊的習慣並停留在那裡。我看診時總是一再遇見這個情況。我的許多患者嘗試了這個方法，過一陣子卻又恢復吸菸、酗酒或濫用藥物（其實我們很難避免開車經過賣酒的店，除非你搬到完全沒有酒的沙漠或是猶他州）。這就是爲什麼健身房常常在年初提供會員折扣，因爲他們知道你辦了會員、去個幾週之後，在天氣陰冷或下雨的日子偷懶個幾次，接著就會完全不去了，然後那些器材就會保持完好如初的樣子；等到明年一月，你覺得沒保持好身材、很有罪惡感時，就會再去重複這個循環了。

要如何藉由整頓環境的方式來處理焦慮？你又不能把焦慮囤在冰箱裡，或是辛苦工作了一天，在回家路上刻意避開有賣焦慮的店，以避免自己從三十一種口味當中挑一種帶回家。雖然在家裡設置一個「無焦慮區」聽起來很棒，但即使你眞的設置了，焦慮還是會來的。

戒除習慣的策略（四）：覺察

喬．卡巴金（Jon Kabat-Zinn）也許是西方世界的覺察大師中最廣爲人知的。一九七

○年代，當他在冥想時，心中突然冒出一個想法，打算研發並實驗一項為期八週、可以在醫學環境下教學及研究的覺察計畫。覺察減壓療法（MBSR）因此誕生，接下來的四十年，它成爲全球最知名、最廣爲研究的覺察療法。

卡巴金對於覺察的定義是「有意識地、不帶批判地注意當下感受所產生的察覺（awareness）」。基本上，卡巴金點出了體驗的兩個面向：注意及好奇。

再來說明得清楚一點。還記得我們的舊大腦會對正增強及負增強產生反應，以此決定該怎麼做嗎？還有，它很擅長將行爲轉變爲習慣。

如果你沒有注意到自己是習慣性地做某件事，那你就會一直習慣性地繼續做。卡巴金用自動駕駛來形容這個情況。如果同一條路你已經開過一千次了，那你就會開得很習慣。你在駕駛時可能會放空或思考其他事情——有時候，你甚至根本不記得自己下班後是怎麼開回家的。這是魔法嗎？不，這是習慣。

藉由覺察來培養注意，可以幫助你「打開引擎蓋」，看看舊大腦到底發生了什麼事。你可以在進行的當下，就注意到自己的習慣循環，而不是直到差一點發生車禍時才「猛然驚醒」。

只要你在自動駕駛時注意到自己的習慣循環，就可以開始感到好奇，想知道現在到底發生了什麼事？我爲什麼會做這件事？是什麼原因觸發了這個行爲？我實際上能從這個行爲中得到什麼獎勵？我還想繼續做這件事嗎？

也許剛開始會覺得聽起來很奇怪，但好奇心是一個很關鍵的態度，當它與注意結合在一起，就能幫助我們改變習慣——我的研究室及其他研究室都有科學研究，可以爲這個連結背書。而且，好奇心本身就能成爲一個強而有力的獎勵。你還記得自己上一次對某件事物感到好奇的時候嗎？那種情緒本身就讓人覺得很棒——讓你的舊大腦知道，這比快速吃下一堆糖分並伴隨著無止境的罪惡感，還要更棒。

脫離習慣模式，會讓新大腦有空去做最擅長的事：做出理性且合乎邏輯的決定。

你認爲哪一種情況下比較容易改變習慣？是早上醒來，想要狂吃冰淇淋，但又感到羞愧、自我批評；還是注意到習慣之後，對它感到好奇，並開始寫出你心裡眞正的運作情況？

好奇心就是保持開放並接受改變的關鍵。卡蘿．杜維克（Carol Dweck）博士是史丹佛大學的研究者，數年前在比較**定型心態**（fixed mindset）及**成長心態**（growth mindset）的差異時，曾討論過這點。[21]當你陷入舊的習慣模式時（包含批評自己），你就沒有開放的心態去成長（我的研究室甚至還找到大腦中有一個部分與之相關）。

雖然針對覺察所進行的科學研究仍處於早期階段，但已經陸續產生了一些一致的結果。許多不同的研究室都發現，覺察可以用來尋找獎勵學習機制的關鍵連結。舉例來說，我的研究室發現，覺察訓練是幫助吸菸者找到習慣迴圈、脫離抽菸渴望的關鍵。換句話說，患者可能會注意到渴求，對於自己身體及心理的當下感受感到好奇，進而克服它，而不是習慣性地抽菸。打破這個習慣循環的戒菸成功率，是目前黃金標準療法的五倍之高。22

我的研究室發現，當人們理解習慣迴圈的形成過程，學會應用覺察技巧，就會出現某些習慣行為上的顯著改變。有所注意，就能改變行為，不只是吸菸，還有暴食，或者甚至是我們的臨床研究證明了焦慮本身也可以。

我發現這在我自己的生活中也非常有用。本書前言所提到的「懂得越少，說得越多」這句格言有個必然的結果——「不要只是做點什麼，坐在那裡就好！」這是一個簡潔有力的悖論，無論是在私人方面還是專業方面，都對我有很大的影響。假如患者在我的辦公室裡感到焦慮或擔心（例如告訴我某件已發生的事，或者討論某件即將到來的事），我可能會得到社會傳染，也開始焦慮或擔心（喔不，這很嚴重，我有辦法幫助他嗎？）。

爲什麼呢？舉個例子，如果我持續深陷在焦慮的無底洞，而我的前額葉皮質無法思考，我可能就會習慣性地對我自己的焦慮產生反應，想趕快「解決」患者，以便消除我自己的焦慮。當然，這通常會讓事情變得更糟，患者會覺得我根本不了解他們，或者我會給出不好的解決方案，因爲我根本沒有挖掘到導致患者焦慮的根源（因爲我不經意間把重點放在自己身上了）。「不要只是做點什麼，坐在那裡就好」，這句格言也是一個強而有力的提醒，告訴我們「存在即是意義」。換句話說，只要待在這裡，深入傾聽患者說的話，這通常就是我當下所能做的最佳選擇——付出同理心、理解、連結。我喜歡這句話，也是因爲它提醒了我，想要趕快做點什麼的這種直覺，本身就是一個習慣迴圈（立意良善，但受到誤導），以及我可以單純地觀察就好——觀察是唯一眞正必要的「舉動」，諷刺的是，它也是最有效果的舉動。

準備好回答下一個問題，以思考並理清你的焦慮或其他習慣了嗎？如果這不是你第一次嘗試改變習慣，回想一下你過去這些年來曾經嘗試過的、所有改變習慣的策略。哪些是有效的？哪些失敗了？你的成功與失敗，是否符合你剛才搞懂的大腦運作方式（尤其是獎勵型學習）？如果你從未嘗試過改變習慣，那你很幸運，因爲你沒有在嘗試改掉壞習慣時建立起「壞習慣」（也就是你已經試過且失敗的方法，但你還是不斷嘗試它們）。留在正途，繼續找出習慣迴圈。記得要小心想要直接前進並解決問題的衝動（並且將之列爲一種習慣迴圈）。上蠟、除蠟。

第7章

無止境的焦慮循環——戴夫的故事，第一回

戴夫（化名）是我的一位患者，在第一次的會談中，他告訴我，過去一兩年內，他有時候會在高速公路上恐慌發作。他就只是輕鬆地開著車，什麼都沒在想，突然間腦中就會冒出一個想法，意識到以時速六十英里（約九十七公里）駕車是多麼危險。他用「我像一顆子彈一樣飛馳在高速公路上」來形容那種感覺。恐慌發作的情況實在太嚴重，導致戴夫完全不再開車上高速公路。

不幸的是，他的恐慌發作不僅限於開車。某天晚上，他和女友去一家壽司餐廳用餐時，突然覺得自己可能對魚類過敏，甚至焦慮到他們必須立即離開那家餐廳。他理性上知道這很瘋狂——他根本沒有對魚類過敏，也根本不可能在那個晚上突然之間出現一種新過敏，但他的理性思考無法對抗腦中的那個聲音：「這件事情沒得討論。有危險！我們**現在得走了**。」

戴夫接著說，他想不出任何一個自己沒有在焦慮的時期——即使是童年也一樣。二十幾歲時，他嘗試依賴酒精（這讓他感覺更糟了），也曾尋求處方藥（但是太害怕了不敢吃），還找過心理專家、心理治療師，甚至是催眠師，但他表示「這些全都沒有用」。戴夫接著告訴我，他用來對付焦慮的一個最主要的方法是吃東西。焦慮會觸發他去吃東西，食物可以讓他短暫地麻痺，或者把注意力從焦慮上轉移。這個習慣循環讓戴夫增加了很多體重，而過重的體重導致了高血壓、脂肪肝，以及嚴重的睡眠呼吸中止症。

觸發點：焦慮
行爲：吃東西
結果：把注意力從焦慮上轉移幾分鐘

因此，戴夫現在四十歲，有廣泛性焦慮症、恐慌症，以及嚴重的體重過重。他的焦慮程度非常嚴重，甚至有時他實在太害怕了，以至於根本無法下床。我見到他的時候，他很瘋狂地在找尋任何能幫助他突破這片黑暗的東西。

第一次看診時，我拿出一張白紙，寫下觸發點、行爲、獎勵，排成一個三角形，用箭頭從觸發點指到行爲，再指到獎勵，再指回觸發點。我把這張紙推向戴夫，問他：「這個圖表是對的嗎？像『我可能會對魚類過敏』這樣的恐懼想法（觸發點），是否會觸發你離開餐廳，或者避開某些情境（行爲），然後讓你感覺比較好受（獎勵）？」

「沒錯。」戴夫說。

「這是不是形成了一種習慣迴圈，讓你的大腦覺得這是在保護你，但實際上卻推動了你的焦慮和恐慌？」

「這總結了一切。」戴夫說。

幾分鐘之內，我和戴夫就寫出他大腦的生存系統如何被駭入，導致他的人生變成永無止境的焦慮循環。焦慮觸發了擔憂及逃避，它們又觸發了更多的焦慮及逃避。除此之外，他用吃東西來解決焦慮，又導致了他的肥胖與高血壓。

我讓戴夫回去做一件簡單的事：寫出焦慮的習慣迴圈。導致他焦慮的觸發點有哪些？行爲是什麼？獎勵是什麼？我要求他全部找出來，看看自己從這些行爲裡可以得到什麼。

後面的部分尤其重要。我們的大腦是透過獎勵型學習來設立習慣迴圈的，換句話說，如果一個行爲能帶來獎勵，我們就會學會重複做它。這點對我來說很明顯——戴夫學會逃避讓他恐懼的情況（還有紓壓大吃），是因爲這些行爲能帶來獎勵。

而且，即使這些獎勵是不理性的，甚至長期下來會有深刻的負面影響，卻也無法讓他脫離那些習慣迴圈。一個行爲的獎勵價值程度會推動未來的行爲，而不是這個行爲本身。也就是說，與行爲所造成的結果相比，行爲本身並沒有那麼重要。如果只要辨認出行爲，然後叫他不要再這樣做，就可以解決問題的話，我就可以開心退休了。「不要做就好了」，這句話從來就沒有意義。經過多年的研究及臨床實驗，我已經可以徹底確定意志力只不過是一個迷思，而不是一種心理力量。

爲何會以戴夫來舉例？因爲他的故事能充分體現出釐清習慣迴圈的單純性與重要性。不需花費大量時間，也不需要跟精神科醫師或諮商師約時間，就只需要「察覺」而已（而且免費）。

舉例來說，如果你正在參加重要會議，而你的習慣迴圈是你會插嘴發言，那你就可以在心裡先寫出這個習慣迴圈，在眞正做出行動**之前**，就能看出會發生什麼事：

觸發點：「我有一個好點子」的想法

行爲：打斷目前正在說話的人，講出自己想講的話

結果：破壞會議的流程

隨著本書繼續往下走，我們也會不斷回來講戴夫的故事，這樣你就可以感受一下，他透過釐清並改變自身心理所獲得的進展，這也就是你現在正在學習要做的事情。

焦慮或其他習慣迴圈會控制你，直到你能清楚看見它們。奪回掌控權的第一步，就是注意到它，並將它寫下來。每寫一個出來，你的自動導航程度就越低，自主掌控的程度就越高，因爲你可以看見你要前往哪裡。

少量的焦慮不是有幫助嗎？

我們的大腦很善於聯想，這是我們學習的方式。我們看到蛋糕就聯想到美味可口，之後等我們眞的看見蛋糕時，便會自動去吃。如果我們在一家餐廳吃飯導致食物中毒，我們很快就學會避開那家餐廳。事實上，餐廳與噁心的聯想可能極爲強烈，我們甚至可能只是經過那家店便會反胃。然而，這種聯想的作用就到此爲止。餐廳招牌本身沒有毒，但我們學會把它跟腦中的「不要去」招牌聯想在一起。而我們的心理——本身是優秀的聯想學習機器——可能會輕易在焦慮與表現之間做出錯誤聯想。

我讀博士時的導師（mentor）路易士・穆格利亞（Louis Muglia）教了我一句話：「正確，正確，不相關。」這是他爲了提醒我，在實驗室做實驗時，要注意因果鏈（chain of causality）。換句話說，我在研究X行爲或程序時，可能會看到Y發生，卻無法（對我自己、導師和全世界）證明X導致了Y。X可能發生（正確），Y可能會同時或之後立即發生（正確），但這不能證明X導致了Y發生。

我們的心理一直在這麼做。我最喜愛的一個例子是站在本壘板上等待打擊的職業棒球選手，他們每回要準備揮棒時，都會進行各種儀式——用腳踩土一定次數、觸摸頭盔的特定地方，諸如此類的。許多選手將這些特定行爲與成功聯想在一起：做X、Y和Z，便更可能擊中球。但事實上，他們可能會完成儀式（正確）並擊中球（正確），卻無法證明這兩件事是相關的。

當然，許多人用相同方式把焦慮與成功連結起來。每當我在座談會演講之後，幾乎沒有例外，總會有人以確定的口氣跟我說（啊，我們多麼喜愛確定性！），如果沒有焦慮作爲動力，他們永遠無法達到現在的成就。我在臨床焦慮計畫也看過這種情況，舉例來說，有個人這麼說：「以我而言，我確實會開始把成就歸功於我的焦慮。我在校成績很好，並認爲這是焦慮在激勵我好好表現，所以在內心深處，我會害怕、甚至猶豫要放棄焦慮。」

另一人說：「我也有同感。我害怕自己如果放棄焦慮，便會喪失全力推動自己的能力。」

無論是與我的病患或研討會學生進行討論，我總會在腦中聽見導師的聲音。這是「正確，正確，不相關」嗎？路易士會這麼問。接著我會開始解釋，關聯不等於因果。然後我會深入探索他們的經驗，以協助他們分辨自己是否把焦慮感跟表現良好做出錯誤聯想。

我得到的一項有趣觀察是，人們十分執著於焦慮對成功至關重要的觀念。我跟本書的主編卡洛琳·蘇登（Caroline Sutton）討論這件事，她發表了聽起來很正確的驚人之語：人們把自己的焦慮及／或壓力浪漫化了。他們把它像榮譽勳章一樣配戴著，沒有它，便成了軟弱的人，更糟的是，失去活著的目的。如她所說：「如果你有壓力，你便有做出貢獻。如果你沒有壓力，就是個輸家。」

「我們必須至少有一點焦慮才能表現良好」，這個觀念也在研究文獻中被浪漫化了。早在一九〇八年，心理學領域萌芽之際，哈佛大學兩位動物行爲研究者羅伯特·耶基斯（Robert Yerkes）與約翰·多德森（John Dodson）發表了一篇論文，題爲〈刺激力量與迅速形成習慣之關聯〉（*The Relation of Strength of Stimulus to Rapidity of Habit Formation*）。[23]他們提出一項有趣觀察：老鼠受到中度電擊時，更能有效學習一項任務，勝過輕度或重度電擊。他們的結論是，動物需要某種程度的激發（arousal），才能有最好的學習，但不能太過度。這篇論文在之後半世紀內只被引述過十次，但在其中四篇引述的文章中，這些研究發現被稱爲心理定律（現在，網路上一清二楚地稱之爲「耶基斯—多德森定律」或「耶基斯—多德森曲線」）。*

在一篇於一九五五年發表的論文中，出生於德國的英國心理學家漢斯．艾森克（Hans Eysenck）認爲，耶基斯—多德森「定律」適用於焦慮：他認爲加強激發**或許**能提升實驗對象的任務表現。[24]兩年後（一九五七年），艾森克以前的一名碩士生布洛德赫斯特（P. L. Broadhurst），當時擔任倫敦大學研究員，發表了一篇有著大膽標題的論文：〈情緒與耶基斯—多德森定律〉（*Emotionality and the Yerkes-Dodson Law*）。在文中，他表示將老鼠的頭部壓在水中（缺氧）的時間越長——他稱之爲「施加動機的強度」——可提升老鼠游泳速度到一定程度，然後會小幅下降。[25]穿插了「動機、激發、焦慮」等名詞，他做出大膽結論：「由這些結果可明顯看出，耶基斯—多德森定律可獲得證實。」（我懷疑他是否有考慮到，被壓在水裡最久的老鼠，是不是先喘了口氣才開始游泳。）不同老鼠的研究顯示，焦慮—表現的倒U型曲線，即鐘型曲線，形成了此項心理學概念：一點焦慮有益於表現，很多焦慮則沒什麼助益。

快轉到半個世紀之後，一項關於壓力與工作表現的心理學文獻的評論發現，只有四％

的論文支持倒U型曲線，而四六%認爲是負線性相關，意思基本上是指任何程度的壓力都會抑制表現。[26]儘管有這些明顯的差異（資料眞討人厭！），被過度概化的耶基斯—多德森「定律」仍變成了民間傳說，甚至在現代達到神話般的地位，由引用數量大幅成長這點即可證實（一九九〇年不到十篇，二〇〇〇年不到一百篇，十年後增加到超過一千篇）。

焦慮被當成一種榮譽勳章、工作能力的關鍵元素、身分認同（感謝我的焦慮，沒有它，我該如何是好？），或許再加上僞科學解釋模型的粉飾（鐘型曲線相當流行）；種種因素令人不願重新評估這種解釋，不只是治療師（有一些人依據這個前提寫了整本書），患者與民眾也是。

如果你大腦深處有一個聲音跟你說「焦慮是好的」，那麼你現在就該開始探討這種因果關係是否屬實。焦慮是否一直讓你表現良好？你不焦慮的時候是否也能做好事情？你

---

* 馬汀·科貝特（Martin Corbett）在二〇一五年發表的一篇論文，巧妙地敘述了這項從沒沒無聞到被奉為定律的歷史性轉變，論文題為〈從定律到民間傳說：工作壓力及耶基斯—多德森定律〉（*From Law to Folklore: Work Stress and the Yerkes-Dodson Law*）。

或許不想聽這個，但反正我都會說：焦慮是否耗盡你的元氣，讓你很難思考，或者有時候妨害了良好表現？（什麼！）作爲推論，奧運選手或職業音樂家獲勝時，他們看起來緊張嗎？提示：去看看麥可．喬丹（Michael Jordan）獨得六十分的舊影片，看他舌頭的位置；看看克蘿伊．金（Chloe Kim）在二〇一八年冬奧單板滑雪U形場地拿下金牌的樣子；或是看一眼尤塞恩．博爾特（Usain Bolt）輕鬆贏得百米賽跑時的超大微笑。

當你採取行動去改變任何習慣時，像是焦慮（或其他事），不要擔心找出所有觸發點。在釐清習慣迴圈時，你往往見樹不見林，只專注在觸發點，而沒有看到實際上幫助你改變的事情，這通常發生於人們太過專注在理解自己是**如何**在一開始陷入這個或那個習慣。這就彷彿回想過去，針對每次生日派對做出心理分析，看看人們究竟自何時開始喜歡蛋糕，便可神奇地解決「看見蛋糕就想吃」的問題。明白爲何某件事變成習慣，並沒有辦法神奇地解決眼前的問題。事實上，觸發點是習慣迴圈**最不重要的環節**。獎勵型學習是根據獎勵（故得此名），而不是觸發點，這便是重點所在。別擔心，我們在第二部會詳談。現在，請繼續釐清你的習慣迴圈。

第 8 章

什麼是覺察

再說一次喬．卡巴金對於「覺察」的定義：

覺察是有意識地、不帶批判地注意當下感受所產生的察覺。

回想一下，我們的舊大腦會根據正增強及負增強來決定要做什麼，而且很擅長將行為轉變爲習慣。這些大多數都是無意識下進行的，如果我們沒有注意到自己是習慣性地做某件事，那我們就會繼續習慣性地做下去（就是第六章說過的自動駕駛）。

然而，我們**可以**讓自己在那些習慣模式運作時，更容易注意到它們。這就是覺察能夠幫助我們的——讓我們建立意識，觀察穴居人大腦的運作。

人們常常搞不清楚覺察和冥想的關聯，也不知道它們是不是同一件事。有個簡單的說明方法，就是使用文氏圖：覺察是一個大圈圈，冥想是一個小圈圈，位於覺察裡。

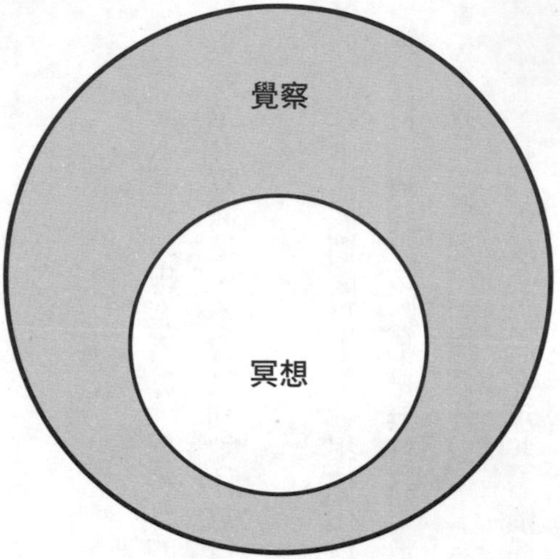

換句話說，冥想是用來訓練覺察的其中一種方法。你並不是一定要冥想才能做到覺察，但是，冥想可以幫助你更容易注意到當下的情況。冥想就像是你大腦裡的一間健身房，協助你訓練並增強覺察的肌肉。

察覺還能幫助你專注於觸發點及自動反應，這不僅限於焦慮及擔憂的習慣迴圈，事實上，它可以應用於任何我們做出反應的事物。但我必須事先提醒：有許多錯誤資訊，說覺察是一種特別的（不焦慮的）心理狀態，或者說覺察只不過是一種放鬆技巧。我的診所很常出現這樣的患者，他們越是嘗試要清除心裡的想法，或者越是想要靠思考來擺脫焦慮，就反而會變得更加焦慮。最常見的錯誤觀念，可以用我在教導冥想或者向患者介紹覺察時，很常被問到的一個問題來總結：「我要怎麼清除心中的想法？」這代表他們誤以爲冥想的目標是要「清空心裡的想法」。

這是不可能做到的——我嘗試了十年，在冬天進行長時間的靜修冥想，直到汗水浸濕衣服，也還是做不到。更何況，我讀醫學院以及住院實習時，是竭盡所能地想將知識全都塞進大腦裡，爲何我要清空它？

覺察**並不是**停止、清空、排除我們自身的一切。我們之所以身爲人，就是因爲我們有想法、情緒、身體感受，而思考及規劃也是必須掌握的重要能力。如果我無法使用我的思考大腦，清楚地問診並給出確實的診斷，就不能好好照顧患者了。

因此，覺察並不是要改變或消除那些讓我們有所體驗的想法及感受，而是改變我們自身與那些想法及感受之間的**關係**。

然而，這並不是一件簡單的事。事實上，哈佛大學於二〇一〇年發表的一項研究顯示，我們醒著的時間內可能有五〇%都在思考（準確來說，是指思緒漫遊〔mind-wandering〕），[27]這代表我們有許多時間都在進行自動導航。

由於這種心理狀態十分常見，也可以在大腦裡測量，甚至有一個大範圍網路被稱爲預設模式網路（default mode network, DMN），這是由聖路易華盛頓大學的馬庫斯・賴希勒（Marcus Raichle）與他的團隊發現的。之所以有這個名稱，是因爲我們的心理沒有在從事特定活動的時候，便會去到那裡。[28]

當我們思緒漫遊，想到以前或未來的事，陷在芻思（rumination）、焦慮或其他強烈情緒狀態的重複思考模式，以及當我們渴求各種物質時，預設模式網路便被啟動。無論好壞，我們會預設到與自己相關的想法與記憶。我們後悔以前做過的事情，擔憂未來即將發生的事情，諸如此類的。

預設模式網路的一個樞紐，稱爲後扣帶皮層（posterior cingulate cortex, PCC），跟其他許多大腦區塊連結在一起。後扣帶皮層很有趣，當人們看見提醒或觸發自身成癮症的事物照片時，這個區塊便被啟

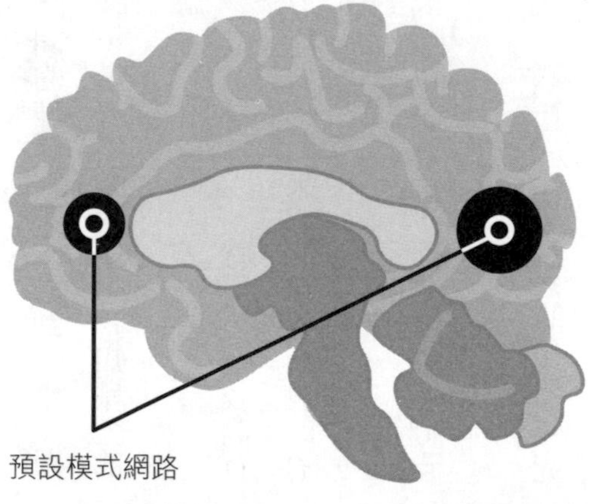

動。[29]舉例來說，當古柯鹼成癮者看到古柯鹼暗示（例如鏡子上有幾絲古柯鹼的照片），尼古丁成癮者看到吸菸暗示（例如有人吸菸的照片），賭癮者看到賭博暗示（例如有人在玩輪盤的照片），後扣帶皮層便會亮起來。基本上，每當我們陷入渴求及其他固著式思考（perseverative thinking）的習慣迴圈，例如芻思（專注於沮喪，一遍又一遍地重複想著），這便是憂鬱、焦慮與擔憂的標誌，後扣帶皮層便會火力全開。固著式思考的意思，就是不斷想著同一件事；憂慮便是其標誌。爲了確保你了解這個概念，以下舉出一些例子：

渴求的習慣迴圈

觸發點：看見蛋糕

行爲：吃蛋糕

結果：感覺很好

反芻思考的習慣迴圈

觸發點：感覺沒有精神

行爲：想到自己有多沮喪、想到自己永遠無法把事情做完等等
結果：感覺（更加）憂鬱

焦慮擔憂的習慣迴圈

觸發點：看著待辦清單上還沒做完的事
行爲：擔心無法把事情做完
結果：感覺焦慮

附帶說明一下，憂鬱的人很容易陷入固著式思考的習慣迴圈，因此，其中三分之二的人亦符合焦慮症的精神醫學診斷標準。憂鬱與焦慮之間的共同性，是固著式思考習慣迴圈的範例之一——它們基本上無法控制，因爲它們生生不息。爲什麼會這樣？希伯來大學雅兒·密爾葛蘭（Yael Millgram）與同僚的一項研究顯示，熟悉一種情緒狀態，會促使我們一直陷在裡頭。[30]若我們一直難過或焦慮，那種難過與焦慮便會變得熟悉，進而吸引我們過去。好比早晨的例行事項或固定的上班路線，一旦偏離，便會感到不熟悉，甚或可怕、引發焦慮。由生存觀點來看，這是有道理的：如果我們去陌生地方旅遊，就必須保持警

戒，因為我們不知道是否安全。別忘了，並不是所有的習慣都不好；唯有在習慣絆倒或拖住我們，而不是幫助我們前進時，才會變得不好。

我們也可能十分認同心理習慣迴圈，以至於它變成我們的身分認同，也就是我們認為自己是什麼樣的人。事實上，我的「鬆綁焦慮」計畫的一名初期前導測試者，寫了這封電子郵件給我：

> 人們如何緩解「我有一個焦慮的念頭」以及「我很焦慮」，這之間是否有任何不同？……我已學會好好運用技巧來處理反射性發作，像是忙碌的一天所造成的焦慮、沒趕上最後期限的壓力、即將來臨的事情……我難以處理的是我對自我認知與一無是處的感受、像張不透氣毯子包圍著我所產生的焦慮感。焦慮已銘刻在我的骨子裡。

焦慮感覺像是她的一部分；它刻骨銘心到她無法分辨的程度。

如果研究者和臨床醫生可以找出並了解人們行為與大腦活動之間的連結，便能設法正確且精準地鎖定潛在機制，發現更好的機會，幫助人們達成實際且持久的改變。作為臨床醫生，我明白固著式思考是絆倒我的患者的最大問題。很多時候，這種思考在他們腦中刻出深層模式，以至於他們認同自己的習慣：「我是個吸菸者。」、「我就是焦慮。」由於固著式思考習慣迴圈似乎對患者構成明確危險，而覺察似乎幫得上忙；作爲研究者，我決定用科學來解決。

理論上，覺察與冥想可幫助我們注意到固著式思考。我們可以看出自己卡住了，便趕快脫身，並在這當中養成更爲正面的新習慣，而不是陷入重複思考模式的溝槽。（我將會在後面章節詳談你該如何做到這點。）

當我們陷入固著式思考（與渴求），預設模式網路便會啟動。由於理論上覺察應可幫助人們不陷入這些迴圈，讓他們不那麼認同自己的想法，因此我們的假設是，覺察可以對這個大腦網路產生正面效果。

在第一項研究中，我們使用磁振造影儀（MRI）來比對從未冥想過的人們腦部活動，以及熟練的冥想者的腦部活動。我們指導新手如何冥想，再請兩組對象待在磁振造影儀上冥想。你瞧，只有四個大腦部位，顯示冥想者與非冥想者之間的不同活動，其中兩個部位是預設模式網路的主要樞紐。[31]沒錯，老練冥想者的預設模式網路更爲平靜。

這是該領域的新發現，因此我們重複實驗，以確定結果是正確的，而它們確實是。我們甚至做了數遍即時腦神經回饋（neurofeedback）實驗以確定，我們所看到的預設模式網路鈍化，是因爲實驗的參與者觀察自身想法、情感與渴求的主觀體驗，而不是因爲陷入其中。[32]

然而，唯有能夠連結到眞實世界的行爲改變，才能眞正證明我們已辨別並鎖定特定神經網路。我的實驗室想要看看，能否使用手機應用程式上的覺察訓練來協助人們戒菸，以及能否改變預設模式網路的腦部活動（我們在這項研究中明確聚焦在後扣帶皮層）。我們獲得美國國家衛生院的補助來進行一項研究，以比較我們的應用程式（渴望戒菸〔Craving to Quit〕）與美國國家癌症研究所的應用程式（戒菸指南〔QuitGuide〕），後者是使用覺察以外的方法，例如健康資訊。我們在開始治療前，先掃描了實驗參與者的腦部，一個月後再做一次，看看後扣帶皮層的腦部活動改變，是否能預測他們能不能戒菸成功。[33]我們發現，使用我們應用程式的那一組，後扣帶皮層活動的減少與戒菸有著強烈關聯，不過，使用國家癌症研究所應用程式的那一組沒有。

我們發現我們的理論是正確的：覺察可以改變腦部活動，而且與臨床結果是有關聯的。這是研究員與臨床醫生稱爲**從實驗室到病床**（bench to bedside）的轉譯研究的一個絕佳例子。我們的目的是，將概念、觀念及基本研究問題轉譯爲治療，以便在眞實世界的環境下形成行爲改變。然而，這仍需要更多研究，尤其需要長期結果的大規模研究。不過，如今我們對於覺察運作的方式，有了更好的理解之後，我們便能進行這類研究。這項了解或許已可解釋，爲何覺察訓練對憂鬱與焦慮最有效：因爲它鎖定了固著式思考的共同元素。**憂鬱的人執著於過去，焦慮的人則執著於未來**。無論是什麼內容（過去／未來），覺察都會插進去，解除固著程序——效果極爲顯著，以至於英國國民保健署（NHS）採用了一種覺察訓練（覺察型認知治療），作爲憂鬱的第一線治療。

希望本章已幫助你更加了解什麼是覺察，以及它如何明確鎖定你腦中的習慣迴圈，更重要的是，你可以利用這項資訊來採取行動。一旦你釐清自己主要的習慣迴圈，便能看出自己一整天會將迴圈放大多少次，並計算它們成爲你腦中「播放清單」榜首的次數。你能否釐清特定的固著迴圈？你可以計算它們播放了多少次嗎？哪一項是播放清單上的榜首？

第9章

你的覺察性格是哪一類型？

原生動物之類的單細胞生物，有一種很簡單的二元生存機制：牠們會朝著營養的方向移動，並遠離有害物。海蛞蝓的神經系統稍微複雜一點，但基本上也是採用同樣的方式。

人類的行爲能否被區分爲類似的「接近及躲避」生存策略呢？舉例來說，在面對危險時，你可能會朝向危險並對抗它；遠離危險、躲避它；或是留在原地動也不動、希望那個危險不會看到或聞到你。這就是你的「戰鬥／逃跑／僵住」反應，也正是我們在面對危險時會自動做出的反應。想一想，當有人大喊「小心！」或者當你聽到一聲巨響的時候，你可能會很訝異自己竟然能那麼快速地閃躲朝你開過來的汽車、在聽到一聲巨響時蹲下來，或者在突然落下一道閃電時僵在原地不動——這些都是不需要花時間思考的。爲了安全，你大腦中的原始部分與神經系統會爲你打理好一切（太感謝了！）。就像思考如何擺脫壞習慣是沒有用的，如果必須在危急時刻快速行動的話，思考如何擺脫困境也是很危險的。

在危險逼近時，「思考」的步驟實在是太慢了，你的反應必須要像反射神經一樣快。這些直覺能否用來解釋我們人格當中某些習慣性的要素？

數年前，我的研究團隊發現，有一份西元五世紀的「冥想指南」，叫做《清淨道論》，其中說明了我們的傾向、習慣行為、人格特質，可被區分為「戰鬥／逃跑／僵住」這三類。[34]為何這份指南的作者要特別把這件事寫出來？因為這樣他就能提供更加個人化的建議，給學習冥想與想要改變習慣行為的人。這可能是一種最古老的敘述，關於現代所謂的個人化醫療——根據一個人的表現型來給予相應的治療。

此外，該書作者無法利用心率監測、血壓計、磁振造影儀、腦波圖等現代儀器或技術，來測量人的生理及大腦活動。他只能仰賴他可以觀察到的，例如吃的食物類型、走路或穿衣方式等等。作者在《清淨道論》中說自己是利用以下方法來觀察：

威儀與作業，
而食及見等，
於法之現起，
辨知於諸行。[35]

根據觀察結果，他將行為傾向分為三個類別，與現代科學有著驚人的一致性：

第一類：接近／戰鬥

第二類：躲避／逃跑

第三類：既非接近也非躲避（僵住）

我們再來更詳細地說明。

想像一下你走進一場派對。如果你是第一類「接近」，你可能會對這裡提供的美食感到驚豔，並興奮地開始和朋友交流。相反地，如果你是第二類「躲避」，你可能會對這裡的食物或受邀參加派對的人品頭論足一番，然後晚點就會因為和某個人討論某個話題的細節或正確性而發生爭執。如果你是第三類「既非接近也非躲避」，你可能會隨波逐流，配合其他人。

最近，我們的研究團隊更加深入研究了這件事。我們發現指南中的行為傾向，非常符合現代所謂的獎勵型學習機制——接近／戰鬥、躲避／逃跑、僵住。屬於第一類「接近」的人，可能會傾向從正增強的行爲當中得到更多動力。屬於第二類「躲避」的人，可能會傾向從負增強的行爲當中得到更多動力。屬於第三類「二者皆非」的人可能會處於中間——不像其他人那麼容易在令人高興或令人不悅的情境中，被推向正增強或負增強那一邊。

這種分類非常符合現代科學，因此，我們利用現在的測量方法，製作了一份行爲傾向測驗，並以心理統計學的研究方法證實了任何人都能做這份測驗（只有十三題）。

行為傾向測驗

請將選項排出順序，依照與你**大多數時候**的行爲模式最接近的來排列（不是你認爲自己**應該**如何表現，也不是你在某些特定情境下**可能**的表現）。要以第一直覺反應爲準，一個問題不要思考太久。你認爲最符合自己的選項是一分，第二符合的是二分，最不符合自己的是三分。

1\. 如果我要舉辦一場派對，我會……

□希望能充滿能量，有很多人來參加。

□希望只有某些特定的人來參加。

□直到最後一刻才決定，且形式不拘。

2\. 整理房間時，我會……

□對於把一切弄得很漂亮感到驕傲。

□很快就注意到問題、缺點、雜亂處。

□不會注意到雜亂或因此感到困擾。

3\. 我喜歡我生活的空間……

□很漂亮。

□很整齊。

□混亂得很有創意。

4\. 在工作時，我喜歡……

□有熱情、有活力。

□確保一切都是準確無誤的。

□考慮未來的可能性、思考前進的最佳方式。

5.

和人說話時，別人可能會認爲我……

□溫柔親切。

□很實際。

□很哲學。

6.

我的穿衣風格的缺點可能是……

□很頹廢。

□缺乏創意。

□不搭配或不協調。

7.

普遍來說，我認爲自己是……

□樂觀愉悅的。

□輕快活潑的。

□漫無目的的。

8.

我的房間……

□有很豐富的裝飾。

□整理得很整齊。

□很亂。

9. 我通常都……

□對事物有強烈的欲望。

□具批判性，但思路清晰。

□處在自己的世界裡。

10. 在學校，大家認爲我……

□有許多朋友。

□很聰明。

□常做白日夢。

11. 我的穿衣風格通常都是……

□時尚又有吸引力。

□乾淨整齊。

□毫不在意。

12. 別人認爲我……

□溫柔親切。

□考慮周到。

□漫不經心。

13. 當別人對某件事物非常有熱忱時，我會……

□想要一起加入。

□通常會抱持懷疑態度。

□轉移話題。

現在把每一題的第一個選項、第二個選項、第三個選項的分數分別加起來，就會得到原始分數。最低分的那個選項，就是最符合你的傾向。

第一個選項是「接近」，第二個選項是「躲避」，第三個選項是「隨波逐流」。舉例來說，如果你的第一個選項是十八分，第二個選項是二十五分，第三個選項是三十五分，那你就是傾向接近型。

＊＊＊

你可以將這份行為傾向測驗當作是覺察性格測驗，我希望它可以對你的日常生活產生幫助。看清楚並理解自己的日常行為傾向，就能深入了解自己，知道自己面對內在及外在世界時，所產生的習慣反應是什麼。你還可以知道家人、朋友、同事們的性格類型，這樣你就能學習如何與他們和諧地相處、生活、工作。

深入理解自己是哪一種人，也能幫助你利用這些行為傾向來培養自己的強項。舉例來說，主要傾向接近型的人，可能會很適合做行銷或銷售類工作。躲避型的人，可能適合必須非常精準、對細節有高度注意力要求的工作，因為躲避型的人喜歡專注地解決問題，在這樣的環境下可以很活躍。隨波逐流型的人，也許可以在腦力激盪會議或大型企劃剛開始進行時，提出非常有創意的想法。

了解自己的行為傾向，還能幫助你成長，避免不必要的傷害。舉例來說，如果你是接近型，你可以找出生活中所有你可能會太過投入的習慣性行為，例如對美好事物的渴望過於強烈，可能會導致事情搞砸（比如暴食、嫉妒朋友等）。如果你是躲避型，你可以注意與過度批判（無論是對別人或對自己）有關的行為，或者過度注重細節、導致損害了整體成果的行爲。如果你是隨波逐流型，可以注意那些你爲了避免引起爭端、而同意別人的意見或做出決定的情境，退一步看個清楚。

以下是每一種性格類型的大綱，要記得，這些只是傾向，並不是標籤。人們通常會有某種主要的傾向，但在不同情況下也可能會靠向別種傾向。舉例來說，我和我太太都大幅落在躲避型，這也許可以解釋爲何我們都在學術界——我們喜歡把時間花在質疑論述及學說上，進行研究並找出結果。第二種傾向，我們都落在接近型多一點，而不是隨波逐流型。因此，如果我們其中一個人遇到困難或心情不好，另一個人不會多加批評、火上加油，而是靠向樂觀、給予支持的那一邊。

事實上，了解我們的行爲傾向，讓我和太太能夠更清晰地看見我們的行爲模式。如果我太太告訴我，她在工作上與某位同事發生了什麼事，我會習慣性地批評那個人，她就會委婉指出我已經進入了批評的習慣迴圈，這樣我就能馬上往後退一步，更清晰地看見整個情況。

接近型：你通常是樂觀的、溫柔親切的，甚至可能很受歡迎。對於日常生活的事務，你很沉著冷靜且思考迅速。你比較容易被愉快的事物所吸引。你對自己相信的事物有一種信仰，你熱情的天性讓你很容易受到他人的喜愛。你的儀態很有自信（也就是你走路的樣子很有自信）。有時候，你可能會對成功有點過度貪心。你渴望擁有愉快的體驗與很好的朋友。

躲避型：你通常都思路清晰且很有分辨能力。你的智慧讓你可以有邏輯地看待事物，並輕易地找出瑕疵。你理解的速度很快，通常會在快速做完事情的同時，還能保持整齊有序。你會注意到細節。你可能會姿勢僵硬（意思是說你走路可能是僵硬且匆忙的）。有時候，你可能會發現自己太具批判性。你可能會被別人認爲是完美主義者。

隨波逐流型：你通常都很隨和、寬容。你有能力思考未來，並推測未來可能發生的事。你思考事物時都思考得很深、很哲學。有時候，別人可能會發現你沉浸在自己的世界裡。在你做白日夢的時候，你可能會感到懷疑並擔心一些事情。有時候，你可能會發現自己比較容易聽從別人的建議，也許會變得太容易被說服。你可能會發現別人比自己更有條理，可能會被認爲愛做夢。

你越了解你的心理是如何運作的，就越能運用它。你對自己的行爲傾向探索得越深，就越能善用自己的優勢，並在這些傾向讓你受挫時從中成長及學習。

你可以將這些傾向視爲一種幫助，讓你看清楚自己容易落入的行爲迴圈。在你改變習慣的過程中，若能注意到這件事，便會帶來很大的幫助；因爲如果你看不見這些基本的傾向，就無法改變它（無論是捨棄毫無幫助的傾向，還是要利用它們的優點）。我的一位診所患者說得很好，她說當她落入批評自己的行爲迴圈時（「那樣做眞的很愚蠢，我爲什麼要那樣做？」），她就會對自己說「喔，那只是我的大腦在作怪而已」，這可以幫助她不會覺得事情是自己的問題。

因此，接下來讀這本書的時候，你可以將自己的行爲傾向放在心上，看看能不能善加利用，以改善你的焦慮或改變習慣。也許你甚至可以在那些行爲傾向開始讓你受挫時，從中跳脫出來。好的，現在你是否覺得已經很了解該如何理清自己的心理，並準備好要跨出下一步了呢？我們往第二部前進吧。

第二部

更新大腦的獎勵價值：第二檔

一、你必須讓傷痛造訪。

二、你必須讓傷痛教導你。

三、你不能讓傷痛逗留太久。

——伊卓瑪・恩梅彬優（Ijeoma Umebinyuo）

第10章

你的大腦如何做決定？（為何比起花椰菜，我們更喜歡蛋糕？）

最讓人們感到痛苦的焦慮習慣迴圈，也許就是拖延了。爲什麼擔憂或拖延之類的焦慮習慣迴圈會停留這麼久？造成拖延的原因，時常是擔心失敗或能力不足。我的焦慮計畫中，有個人這樣說：

「擔憂迴圈」特別讓我感到困擾，我的焦慮則能因此享用一頓美味大餐，裡面包含了擔憂的想法及自我批判。這個惡性循環對我造成的最大影響就是「拖延」。我現在就正在拖延……

另一個人如此形容她的習慣迴圈：

我每個早晨都被困在逃避的迴圈裡。開始準備工作，滑社群媒體，浪費半小時。回到工作，拿起手機「只玩一回合」遊戲，又浪費一小時。逃避所帶來的「獎勵」，是我不需要面對進度落後、明白自己有太多事要做的痛苦感受。遊戲或社群媒體讓我短暫地麻痺，並逃避那種感受。

觸發點：工作

行爲：玩手機遊戲（也就是拖延）

結果：逃避，損失一小時的工作時間

所有人都看得出來，短暫地逃避「進度落後的痛苦感受」，實際上只會讓她落後更多。她接著說：

過去十五年來，我都在實驗各種不同的工具和技巧，有五種手機應用程式及訂閱服務是我每天都在使用的，可以幫助我追蹤使用時間、在特定的時間關閉某些網站及應用程式，我幾乎每時每刻都把手機調整爲勿擾模式。我想要尋求的是，教導我如何應對在這件事情上所產生的情緒反應。因爲回歸根本，無論我用什麼工具或策略，如果我眞的想要拖延的話，我還是會拖延。我永遠都可以找到方法來拖延。

我想要調查的是如何應對背後的渴望——更準確地說，是背後的恐懼和造成焦慮的原因。我研究了許多年，無論是自己研究還是和我的治療師一起，想確定我現在正在做的事都是我想要做的。問題是我仍然有著很嚴重、很深層、長達數十年的恐懼，害怕自己不夠好、害怕被拒絕等等，很不幸地，以上這些恐懼都有許許多多實際發生的事情可以印證。這導致我無論多想要做一件事，都會因爲被恐懼吞噬而落入逃避的迴圈，找尋短暫的輕鬆。如果那些技巧和工具眞的能解決問題，我早就克服了，因爲我全部都嘗試過了……我甚至數不出這些年來有多少人跟我說：「你就只要拿出意志力來，然後做啊！」這讓我很想問他們，難道他們覺得我沒想過這件事嗎？或者是他們覺得我有想到，但意志力不夠堅定？無論哪一個，都不是很讓人開心的想法。

她不僅無法獲得只有我朋友艾蜜莉或《星際爭霸戰》的史巴克才擁有的那種非常、非常少見的超強意志力，過去數十年也沒有人告訴她，改變行爲的關鍵是獎勵價值，以及她的大腦是如何運作的。

爲什麼比起花椰菜，你的大腦會更喜歡蛋糕呢？

並不僅僅是「蛋糕比較好吃」這麼簡單。眞正的答案會讓我們了解到，爲何我們會做出某些舉動，以及我們該如何打破各種壞習慣，例如壓力造成的暴飲暴食或拖延。

我們先從大腦爲何、如何形成習慣開始說明。這與第三章的內容有些重複，但請先耐心看下去。爲何形成習慣？很簡單——習慣讓我們的大腦可以有空間來學習新事物。但是，並非每一個動作都會變成習慣，你的大腦必須學習要把哪些動作變成習慣、哪些動作則不能再做。要記得，你是根據這個行爲所帶來的獎勵來學會一個習慣的。一個行爲帶來的獎勵越大，形成的習慣就越強烈。

這很重要，所以我要再重複一次：**一個行為帶來的獎勵越大，形成的習慣就越強烈**。

事實上，我們的大腦會根據獎勵程度來排列各種行爲的優先順序，並優先選擇獎勵價值較高的行爲。從神經生物學的角度來看，這也許和我們第一次學習到這個行爲時，激發大腦獎勵中心的多巴胺的分泌量有關。這可以一路追溯到原始人的大腦，它就是要讓我們盡可能獲得更多熱量，這樣才能生存。舉例來說，糖和脂肪是高熱量的，所以當我們吃蛋糕的時候，一部分的大腦想著：「熱量——生存！」因此，比起花椰菜，我們更加喜歡蛋糕。馬克斯普朗克研究院（Max Planck Institute）近期的一份研究發現，我們的大腦會得到兩波多巴胺的分泌：第一波是我們吃到食物的當下，第二波是當食物進到胃裡的時候。[36]根據熱量高低，我們的大腦會記住哪些食物的獎勵程度比較高（熱量越高＝獎勵越高），這就是爲什麼爸媽總是不會在吃晚餐的同時讓我們吃甜點；如果有得選，我們一定會在吃蔬菜之前，就先吃蛋糕吃飽了。

然而，並不是只有熱量是重要的，我們的大腦還會學習人、地、物的獎勵價值。回想一下，你孩童時期參加過的生日派對，你的大腦會將所有資訊結合在一起——蛋糕的味道、你和朋友一起玩的快樂時光——全部結合成一份獎勵價值。

獎勵價值會被儲存在大腦裡的一個特定部分，稱爲眼眶額葉皮質（orbitofrontal cortex，簡稱 OFC）。眼眶額葉皮質是一個十字路口，情緒、感官以及過去的行爲所留下的資訊，會在這裡進行整合。[37]眼眶額葉皮質會將所有的資訊結合在一起，並運用此資訊來訂定一個行爲的綜合獎勵價值，這樣我們未來就能很快地將這份資訊「整塊」取出。

當你長大成人後，看到一塊蛋糕時，你不需重新理解蛋糕的味道嚐起來如何，或者重新回想以前吃蛋糕的同時度過了哪些快樂時光，你早在童年時期就記住的連結會自動跳出來。吃蛋糕讓你覺得快樂，並觸發一種自動的、習慣性的反應。[38]你可以將學習一個習

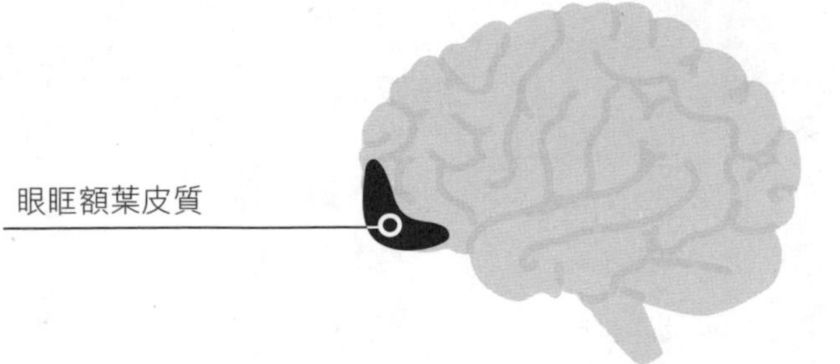

慣，想成是「設定並遺忘」——設定行爲的獎勵價值，並忘掉細節。

這也是爲什麼戒除習慣會那麼困難。

如果你想試著停止自動吃掉眼前的每一塊蛋糕，別人可能會跟你說，你只要保持意志力，不要吃就好了。但是，你眞的能光靠思考就停止吃東西嗎？這種方法有時候有用，但長期下來通常都會失敗，因爲大腦不是這樣運作的。

若要改變一個行爲，你不能只是專注在這個行爲本身；你必須處理這個行爲所帶來的獎勵讓你產生的感受。如果光靠思考就能改變一個行爲，那麼我們只要告訴自己停止吸菸、停止吃蛋糕、不要在壓力大時對孩子大吼、不要對任何事都感到焦慮，然後一瞬間，神奇的事情發生了，馬上就有效了！但這是不可能的。要改變一個習慣，能夠持續下去的唯一方法，就是更新它的獎勵價值；[39]這就是爲什麼要叫做「獎勵型學習」。

察覺——更新你的獎勵價值系統

我們要如何更新獎勵價值，並破除擔憂、拖延，以及其他壞習慣？只要做一件簡單的事：察覺。

我們必須給予大腦新的資訊，讓大腦知道它以前學到的資訊，現在已經過時了。只要在當下注意到行爲所帶來的結果，就能讓大腦脫離自動導航模式，清楚地看見、感受到現在這個行爲到底帶給你多少獎勵（或者沒有帶來任何好處）。新資訊會讓舊習慣的獎勵價值被重設，讓更好的行爲的優先順位往上移，最終使它成爲自動導航模式（第三部的習慣迴圈三部曲裡會有更多相關內容）。

舉例來說，我不需要對患者說他們應該戒菸、吸菸對他們不好——他們看著備受愛戴的萬寶路牛仔死於肺氣腫，早就知道吸菸有害了（事實上，至少有四位萬寶路牛仔死於肺阻塞〔COPD〕）。[40] 沒有一個患者走進我的辦公室是要我幫助他們抽更多菸的。相對地，我選擇更直接有效的實際體驗——我會教人們要在吸菸時多注意。

大多數人是在青少年時期開始吸菸的，因此會爲吸菸設立一個非常強而有力的獎勵價值：吸菸顯得自己在學校又年輕又酷、對父母表達叛逆等等。我要他們現在吸菸時多注意一下，**現在**吸菸到底爲他們帶來什麼獎勵。一位女性注意到之後，回來告訴我，說香菸「聞起來像臭起司，嘴裡都是化學味，噁心」。

你有發現她是怎麼集中注意力的嗎？她不是想著「吸菸對我的身體有害」；她是在吸菸時帶著好奇心，察覺到自己吸菸的體驗——察覺到香菸的氣味與化學物在嘴裡的味道。如果你認眞注意的話，香菸的味道超噁心的。焦慮在這方面也很容易理解——從來沒有患者走進我的辦公室，跟我說他不夠焦慮、要求我開個藥給他，讓他更焦慮。焦慮的感覺糟透了。

若要讓大腦重新設定獎勵價值，像這樣的察覺是很重要的，這才能幫助你戒掉習慣。這就是第二檔的核心要素。

看看下面這段敘述你是否感同身受：經過了漫長的一天，你從學校或工作地點回到家。也許今天很難熬，你感覺壓力很大，或者只是單純覺得很累。還沒到晚餐時間，但你走到廚房準備拿些點心。你拿起一包洋芋片或一條巧克力，坐下來一邊看電視、檢查電子信箱、講電話，一邊漫不經心地吃著。在你發現之前，就已經吃掉半包洋芋片了，你可能會覺得肚子有點飽、甚至有點不舒服。

我們來把它寫清楚。

觸發點：一天中的某個時間點、壓力、飢餓等。

行爲：無意識地吃點心。

結果：嗯～那些洋芋片味道如何？我根本沒認眞注意。

沒錯，這正是爲什麼那些討厭的舊習慣這麼難戒掉。還記得之前講過的「設定並遺忘」嗎？你的大腦會把所有你一邊放鬆、一邊吃洋芋片、一邊看電視的經驗混合在一起，設定成一個簡單的獎勵價值：洋芋片＋電視＝放鬆。在你走進門的那一瞬間，「像個殭屍一樣毫無意識地吃洋芋片」的行爲就已經被觸發了。這個能夠紓壓的獎勵價值並不會被更新，除非你開始注意**當下的感受**。因此，你當然會不斷重複這些行爲，卻不懂爲什麼無法阻止自己不要再做了。

就像之前說的，獎勵型學習的依據是獎勵（所以才叫這個名字）。行爲導致結果，結果又會導致未來的行爲。如果一個行爲很有價值，你就會再做一次；如果沒有價值，你就不會再做了。佛教稱之爲因果，動物行爲學家稱之爲正增強與負增強（或是強化學習或操作制約）。

無論稱之爲什麼，如果你想改變的話，就要讓大腦的眼眶額葉皮質親眼看看它造成的結果有多讓人不舒服。你的大腦就是這樣學習的。如果一個行爲的獎勵價值和以前是一樣的，那它是不可能改變的；只有在你察覺到並看見**真正的獎勵價值**之後，它才能更新。這裡並不是指你在五歲或十三歲時設立的那個獎勵價值，當時你可以吃掉一整包洋芋片，接著去游泳，還不會胃痛。我指的是，**現在的你**所判斷的獎勵價值。只有這樣做，你才能按下獎勵價值重設按鈕。

要是你讓大腦看看自己的習慣帶來什麼結果，可能會發生某些神奇的事情，例如你開始對這個行爲感到幻滅了。我不希望你輕描淡寫地帶過去，所以我要換個稍微不一樣的方式重複一遍，並且幫你劃重點。**如果你真的非常仔細地去注意某個行為，不要有先入為主的觀念或是依賴過去的經驗，然後，你發現這個行為現在沒有什麼益處了，我保證你下次一定不會再那麼期待要做這件事了。**

那是因爲你的大腦會根據你所提供的最新資訊（此處指的就是仔細注意感受），來更新獎勵價值。當價值改變了，你的眼眶額葉皮質才會把原本很奇怪的優先順位重新洗牌，將沒有益處的行爲從「如果被觸發了就一定要做」的清單中移除。你可以很清楚地看見並感受到，它不再像你記憶中那麼有益處，所以你未來就不會那麼期待要做這件事了。

以聖誕老人的方式醒悟

就像小孩一把扯下聖誕老人的鬍子，然後第一次得知原來聖誕老人只不過是一個穿著紅衣服、戴著假鬍子的普通人（這一定不是一件讓人開心的事），當你專心注意你的行爲所帶來的結果，讓你的眼眶額葉皮質更新了獎勵價值後，**你就不可能回到過去，假裝你沒有看見改變**。當你明白了事實以後，就不可能回到過去，假裝聖誕老人是眞實存在的。

當你完全注意到拖延會導致進度更加落後，或者吃掉一整包最喜歡的洋芋片會讓你的肚子發脹、導致心情不好，你就不可能從頭來過，假裝自己沒有感受到那些感受。

你每一次去注意自己的行爲，都會更加體會到你從中獲得了什麼。如果你注意到自己吃太多洋芋片會不舒服，那你下次就不會想要把一整包都吃掉。你並沒有強迫自己不要吃，只是單純想起上一次（還有上上一次、上上上一次）吃太多的時候發生了什麼事。這同樣適用於擔憂、拖延，或是其他多年累積下來的、與焦慮有關的習慣迴圈。

這是關於大腦獎勵型學習機制的一種很棒的方法，而且和意志力一點關係也沒有。當你知道大腦是如何運作的，就可以控制它，而不是讓它控制你。

第二檔的定義：醒悟所帶來的禮物

第二檔就是注意你的行爲所帶來的結果，它是獎勵導向學習，或者也能稱爲因果。如果你已經找出並寫下你的行爲迴圈（第一檔），也已經準備好要練習第二檔，那就問問自己這個簡單的問題：**我從這個行為當中得到了什麼？**

你必須非常仔細地注意這個行爲所帶來的實際的、內在的、隱藏的感受／情緒／想法，才能回答這個問題。

警告：這不是思考訓練。不要落入陷阱！不要在理解了大腦獎勵價值的運作方式之後，就試圖用思考來擺脫舊習慣、培養新習慣。如果你曾經嘗試過改變吃點心的習慣，也許你可以體會這個迴圈：

觸發點：一天中的某個時間點、壓力、飢餓等。

行爲：告訴自己不應該吃點心。五分鐘後你分心了，或者你的意志力被擊潰了，你又無意識地吃點心了。

結果：感覺很糟。對自己說不應該這樣做的。

雖然在做決策及計畫的時候，思考很有幫助，但我們通常都讓大腦中負責思考的部分做太多事了。要記得，它是大腦中最軟弱的部分，所以你不能讓它做這麼困難的工作。要有趣、有創意地思考。到了眞正要改變行爲的時候，把粗重的工作留給眼眶額葉皮質，及其它與獎勵學習機制有關的地方。該如何讓肌肉男聽你的命令？你要聘請一個人當他的教練。教練會幫助肌肉男理解，做重訓能讓他變得更強壯，這樣他自然而然就會爲你做這件事了。要把察覺當作你大腦的教練。

如果你開始把這當作一種思想訓練，試圖用思考來擺脫擔憂、暴食或其他壞習慣的話，那麼只要注意到這件事，並把它作爲一種習慣迴圈寫出來就好（就像上述範例那樣）。然後問問自己，**我從這個行為當中會得到什麼？**不要用思考的方式問。

當你發問時，要阻止思考的想法，並把注意力放在觀察模式，看看你的身體目前發生了什麼事。這時候，察覺就能很輕易地指導你的大腦。很明顯，吃下一整包洋芋片，並不會幫助你跑完馬拉松或是降低血壓。如果你拖延，工作就無法完成——事實上是相反，會增加更多時間壓力。你要察覺。醒悟所帶來的禮物會放在聖誕樹下，等著你去打開，而你一定要在現場才能打開它。

準備好進入醒悟樂園了嗎？現在前進吧。

你已經知道訓練大腦的關鍵了，你可以去嘗試、看看自己能否掌握其訣竅。現在看看你能不能進入第二檔：起步時先寫出習慣迴圈（焦慮或其他習慣），然後切換至第二檔，專心注意這個行爲的結果。把這份察覺變成你內在的體驗，並專注地問自己：**我做這個行為可以得到什麼？這個行為所造成的結果，讓我產生什麼感覺？**

第11章

停止思考——戴夫的故事，第二回

我們上一次提到戴夫的時候，我請他回去寫出自己和焦慮有關的習慣迴圈，也讓他使用我們的「鬆綁焦慮」手機應用程式，來幫助他做這件事。做這份作業時，尤其要注重行爲與結果之間的因果關係，他必須讓自己理解這個習慣性的舉動多麼沒有價值，才能有長足的進步。事實上，我在第一次會面時就已經指導他如何進行第一檔及第二檔了。

獎勵型學習理論被證實是目前科學界已知最強的學習機制，所以，爲什麼我們不利用它的力量來消除舊的習慣，就像你養成舊習慣時一樣？爲什麼不把注意力放在一個行爲所能帶來的好處，然後若它很有益，就再做一次？如果它已經不會帶來好處了，就停止去做，對吧？這個理論聽起來很單純，也確實很單純。然而，這很容易讓人掉進一個思維陷阱，就是我在上一章提到的：你可能知道這個東西對你不好，但只是這樣想，並不能讓你改變行爲，這樣還不夠強烈。改變獎勵價值，才能讓肌肉男幫你做重訓。如果沒有教練

（察覺）幫助理解什麼是值得做、什麼是不值得做的，就無法改變獎勵價值。如果能進行適當的大腦訓練，舊習慣可能很快就會發生改變，但是改變不會發生在一瞬間（本章節後續有更多相關內容）。

數週後戴夫又回來了，明顯看得出來變得很不一樣。他甚至還沒坐下，就很興奮地開始跟我分享那些步驟爲他帶來了哪些改變。

他說：「我寫出我的焦慮習慣迴圈，然後，僅僅是了解我的焦慮如何運作，就讓我感覺好多了。這個手機應用程式會幫助我學習如何處理我的焦慮。」

「喔，太棒了，」我心想，「他現在已經把第一檔運用得很有自信了。」

然後，他微笑著說：「對了，我瘦了十四磅（約六．三五公斤）。」

「什麼？」我說。

「我很清楚地理解到，吃東西並沒有幫助緩解我的焦慮。這其實會讓我感覺更糟糕，因爲我對我的體重很不滿意，」戴夫說，「一旦我注意到『吃東西不能解決焦慮』，就很輕易地改掉以前吃東西的習慣了。」

這是把科學理論化爲實際行動的一個絕佳例子。戴夫除了學會運用察覺來幫助自己寫出習慣迴圈之外，更重要的是去看、去感受自身的經驗——他感受到，利用吃東西來對抗焦慮，是不會帶來任何好處的。他的眼眶額葉皮質一直在告訴他，吃東西有很高的獎勵價值（與焦慮有關），但當他仔細查看這個「獎勵」，就能很清楚地理解其實一點好處也沒有。有了這樣的察覺，他的眼眶額葉皮質不只更新了資訊，更採取了行動。他已經在第二檔了！這樣的察覺將他與他的眼眶額葉皮質帶往了正確的方向。

在接下來的幾個月內，我每隔幾週就會與戴夫見一次面，看看他的進度如何，並在他處理焦慮問題時，提醒他應該注意哪些方面。在我寫作本書時（療程大約經過了六個月），他已經減了九十七磅（約四十四公斤），而且還在持續減下去，他的肝也不再是脂肪肝，睡眠呼吸中止症也解決了，血壓也恢復正常了。

而且，情況越來越好。

前陣子某一天，我在布朗大學公共衛生學院教完一堂關於改變習慣的課（是我最喜歡教的課），之後就離開了。那棟大樓位於羅德島州普洛威頓斯的南大街。我走在人行道上，突然間有一輛車子在我身旁放慢速度並停了下來，司機搖下車窗。

「嘿，賈德醫生！」戴夫大喊，臉上掛著大大的微笑。

我很確定我看起來很驚訝——戴夫在開車，在大馬路上？他原本討厭高速公路。

「喔對啊，我現在的工作是優步（Uber）司機，」他說，「我正要開往機場。」說完他就快樂地開走了。

僅僅是了解自己的內心，並且有系統地觀察自己的習慣迴圈（第一檔），戴夫就產生了一百八十度的大轉變，但這只是故事的一部分。他還成功駭進自己的獎勵型學習系統，幫助自己坐回司機的位置（第二檔）。

戴夫的故事很了不起，但第二檔並不總是如此簡單。事實上，大多數時候，花這麼大的注意力來觀察我們的舊習慣所帶來的結果，是很令人痛苦的。我們可能會對這個覺醒的過程（練習第二檔）感到痛苦，因而從第二檔倒退回去，返回原路。為什麼？

因爲我們的大腦，已演化成會嘗試將我們不得不忍受的痛苦減輕到最低程度。以生存的角度來說，這非常有道理。如果你碰觸到滾燙的火爐，你會察覺到熱度，並反射性地把手縮回來，這樣才不會被燙傷。

這個世界充滿了讓你逃避痛苦、感受快樂的萬靈丹。衣服、車、藥物、體驗……每個上面都綁著小小的蝴蝶結，寫著「這會舒緩你的疼痛」、「這會讓你覺得好一點」、「這會幫助你忘記所擔憂的事」。但是，如果你待在自己的舒適區，就永遠不會成長。人生會對你做出各式各樣的攻擊。你可以永遠沉溺於買衣服或濫用藥物來轉移注意力、麻痺自己；你也可以學習克服難關、把握成長的機會（下一章會有更多相關內容）。

第二檔可能會讓人感覺像是永遠無法結束。你很清楚地看見舊習慣，並很快地發現它並不能為你帶來任何好處，然後你就很困惑，為什麼已經看得這麼清楚了，卻沒有任何改變。我在診所或習慣改變計畫中，時常看到這種情況，尤其是正在處理焦慮及擔憂問題的人（這個習慣迴圈明顯沒有任何好處）。他們寫出習慣迴圈，回來告訴我說擔憂並不能帶來任何好處，只會帶來焦慮而已，然後他們就會問說，為什麼現在還沒有辦法停止擔憂。他們很明顯地看見自己正在做的事情並沒有任何好處，因而困惑為何不能馬上關掉開關。這種時候，我會問說這個擔憂的習慣迴圈（或是因壓力造成的暴食、或者其他任何一種習慣迴圈）出現多久了。大多數人回答「一輩子」，我接著問他們進行這個計畫多久了，答案通常會是「兩週」或「三週」（他們親口說出這個答案，通常就已足夠讓他們理解了）。

在這個可以獲得立即滿足的世界中，很容易形成這種沒有耐心的習慣迴圈：

觸發點：發現解決（焦慮、習慣、問題）的方法

行為：想要立即解決

結果：因為沒有立即解決而感到挫折

僅僅是寫出習慣迴圈、發現這個習慣本身並沒有價值，也不能神奇地解決多年來深深扎下的根，這時候就需要耐心了。有些習慣會比其他習慣更快被解決（即使是戴夫也花了三個月，才在焦慮方面取得很大的進展），但對於那些根深蒂固的習慣，你的大腦必須一次又一次體會到舊習慣沒有價值，直到新的習慣形成、進而不去做那個舊習慣。換句話說，你必須一遍又一遍開過那條寫著「沒有價值」的道路，直到次數夠多了，它才會變成新的自動行爲。

這就像是所有的科學實驗一樣，如果有單獨一個數據和其他一千個相似的數據差異很大，那麼它就只是一次反常，除非你收集到足夠多的相同數據，才會發現看似異常的數據，其實才是正確的數據。察覺會幫助你更新並獲得正確的資訊，這樣你就能信任新收集到的數據，而不是視之爲異常。也許你能看出其中的諷刺之處——舊習慣是根據已過時的數據所決定的，但就是因爲它們很舊，所以我們覺得熟悉；因爲覺得熟悉，所以我們信任它（改變很可怕）。要把獎勵價值想成保存期限：它在一段時間之內確實是好的，直到這個價值已經過時了。檢查你的舊習慣，看看它們是否還帶來一樣的價值，第二檔的重點就是這個。

就像戴夫一樣，人們要對一個習慣迴圈有所醒悟，才能擺脫它，但必須要去注意循環（第一檔），以及行爲當下的獎勵價値（第二檔）。越常注意到、感到幻滅，就越能讓大腦記住這個醒悟的感覺。在你進行重訓、培養二頭肌的時候，重複練習是有用的，而在你訓練心理肌肉時，這也同樣有效。如果你去進行馬拉松訓練，教練也不會第一天就叫你跑十五英里（約等於二十四公里）。同樣地，要嘗試將心理訓練平均分配在每一天。事實上，訓練大腦改變習慣的最佳方法，就是把你的日常生活變成你的心理健身房。換句話說，要在一整天內練習本書中的步驟和工具，這樣才能捨棄舊習慣、培養新習慣——在你日常生活的空間與時間中培養。要記得，獎勵型學習的重點，就是捨棄依賴情境的記憶。

少量，多次

讓你的日常生活變成你的心理健身房，還有一個好處，可以推翻常見的「我沒時間去運動」的藉口。當這個習慣迴圈出現時，你反正都是要處理它的，因此你可以花上幾秒鐘把它寫出來，並注意這個習慣所帶來的結果。如果一天之中會發生很多次，那你就有更多的機會去做心理重訓，你每一次重複的察覺也會變得更強烈，並且不再沉迷於舊習慣。我認爲這是「少量，多次」，如果你在一天之中少量多次地注意自己的舊習慣，就會更快、更有效率地消除舊習慣、養成新習慣。這就是爲什麼宮城先生要讓丹尼爾不停上蠟、油漆，直到他筋疲力盡。他要確認丹尼爾重複走那條路的次數，已經多到變成動作記憶（motor memory），只有到達這個程度，才是丹尼爾準備好戰鬥的時刻。

如果你對於第二檔感到疲勞且失望，也許戴夫的故事會爲你帶來啟發，幫助你明白雖然這些練習並不容易，但是很簡單。

繼續堅持習慣迴圈的練習。寫出習慣迴圈（第一檔），問自己：**我從這個行為當中得到了什麼？**然後注意身體的感受、想法、情緒，作爲這個行爲所帶來的結果（第二檔）。不斷重複。

第12章

從過去的經驗中學習並成長

你的習慣迴圈戒除得如何了？已經能夠更加運用第二檔，問自己「我從這個行為當中可以得到什麼？」並且更清楚地看見舊習慣所帶來的結果了嗎？你的眼眶額葉皮質已經得到最新鮮的資訊，來重設大腦中的獎勵價值了嗎？

看看以下其他人的經驗，你就可以知道現在自己是否走在正確的道路上。下面是一些參加「現在就吃」及「鬆綁焦慮」計畫的人的經驗分享，我們來探討他們在社群日誌所寫的第一檔及／或第二檔元素。

以下是第一個人：

我要往茶裡面加一茶匙的蜂蜜，但我卻先把一茶匙的蜂蜜直接放進嘴裡了，我做這件事當下的想法是「我好疲勞」，但當它進到我嘴裡時，我卻發覺：**喔，這根本不會對我有**

任何幫助。它甚至不好吃。所以我其實很感謝這件事情的發生。我很高興自己能夠理解糖不會讓我感到快樂，或者甚至根本不好吃。

觸發點：糖

行為：劫持運動神經元，將糖送到嘴裡，而不是茶裡

結果：並不好吃，而且沒有讓她感到更好受

你認爲她想著「喔，這根本不會對我有任何幫助」的這個瞬間是什麼？是第二檔嗎？記得我在第十章時說的**警告**——要避免不小心進入思考模式。如果她遵循那個想法，可能就會想要告訴自己不要這麼做，然後就會因爲嘗試靠著思考擺脫這個行爲，而讓整個過程停滯在這裡。這樣的思考模式曾經害她失敗過。

不用擔心，她拋下了過去的思考模式，並成功進入第二檔：她很清楚地看見了因果關係（糖並不好吃，也沒有讓她感到更好受）。

但是，還不只這樣，她還說她對於這件事的發生覺得感恩。這是一個非常強大的證據，證明了她有所學習，這讓人感到高興。我們對於自己學到了某件有用的事情覺得感恩，因爲有了這個知識，未來就比較不會重複去做這個不好的行爲。學習及進步對他們本身來說，就是很有意義的。

另一位參加者寫道：

我一覺醒來，對於昨晚發生的事感到有點焦慮，但我並沒有默默接受，而是對於這種感受產生了好奇心。光是這麼做，彷彿就讓焦慮的程度減輕了一點點。

觸發點：對昨晚發生的事感到焦慮

（新）行爲：對身體的感受產生好奇心

結果：焦慮程度降低

我在行爲前面加了個**新**字，因爲這個人的新行爲不僅減輕了其焦慮，亦凸顯出憑著好奇心，他便能跨出習慣迴圈。是的，這是第三檔的好處之一，我們將在第三部進一步探討。現在，回到這個案例。他繼續說：

因此，我接著問自己這個一體兩面的覺醒問題：

「我因爲身體的感受而焦慮，得到了什麼？」

（答案）除了更加焦慮之外，什麼都沒有。

「我因爲對身體的感受及焦慮產生好奇心，得到了什麼？」

焦慮狀態減緩，讓我舒適地慢慢睡著了。

觸發點：對昨晚發生的事情感到焦慮

（舊）行爲：對身體的感受感到焦慮

結果：發現焦慮會導致更嚴重的焦慮

這是第二檔變化版的好例子。請注意，他主動反省他從陷入焦慮與憂慮中而得到了什麼。請注意，他並沒有默默承受及深陷其中；相反地，他釐清了迴圈，以及自己**以前**因爲迴圈而得到了什麼。這便已足夠切換到第三檔，亦即他做出了一個不同的行爲：產生好奇心。

我稱之爲**回顧型第二檔**。回顧「行駛」於第二檔，是在事情發生之後，提問「我從這個行爲當中可以得到什麼？」的方法。這很重要，我要強調這點，因爲這證明第二檔在**事發之後**仍然有效用。你可以在情況發生之際學習，也可以在情況發生之後學習，就像看著後視鏡一樣。那位焦慮失眠者能夠反省他先前掉入焦慮兔子洞的經驗，進而看到那對睡眠而言毫無助益，就能幫助他避免再次掉入洞中。有時，事後檢討反而是更好的學習時間，因爲你比較不會受到情緒影響。等塵埃落定後，審視損害，寫下筆記，再從中學習。你可以一遍又一遍這麼做，想做多少遍隨你高興，只要你仍能感受到體驗的豐富性。

我說的豐富性是指，能夠回想起因行爲而導致的身體感受、情緒與想法，會帶來多少回報（或是沒有回報）。這不是用心智去理解或在心裡指責自己，沒有所謂**應不應該**。回顧型第二檔是回想事實：單純去注意發生了什麼事，以及它帶來多少回報，而不加以編輯。那種心裡喋喋不休的編輯只會礙事，讓你分心而無法準確回想起場景，因而更難投入到回想所產生的具體化體驗。你所感受到的具體化體驗便是豐富性，也是讓你明白你的大腦對那項體驗有沒有回報的判斷。如果你在回想時仍有這種豐富性，便可持續從中學習。

爲確保你了解回顧型第二檔運作的方式，以下有一個例子。我治療過許多暴食症的人，他們崩潰地走進我的辦公室，因爲他們有暴食問題，接著便開始了「應不應該」：我**應該**這麼做、我**不應該**那麼做。就像笑話講的，他們「被應該滅頂了」。

爲了打破這種對於可能情況的無用執著，我請患者回想最近一次的暴食——他們記憶猶新的那一次。這是回顧型第二檔的重點：回想及釐清以往習慣迴圈的結果。我請他們在不帶批評之下做這件事，也就是說，單純敘述發生的情況（行爲）與之後的情況（結果）。

在他們敘述暴食場景之後——可能是他們如何失控或處於自動導航模式——他們通常會描述自己在翌日早晨醒來時感覺吃撐了、宿醉，或是心理、生理上疲憊不堪。這正是我們要注意的焦點：暴食的結果，**翌日早晨的那個部分**。你的身體有什麼感受？**糟透了**。你的情緒狀態如何？**糟透了**。你的心理狀態如何？**糟透了**。接著我問：「現在回顧這件事，你學到了什麼？」以下是一個案例：

觸發點：與家庭成員發生爭吵

行爲：暴食

結果：生理上、情緒上和心理上感覺糟透了（而且家庭關係沒有改善）

在這個第一檔與（回顧型）第二檔的小練習結束後，患者們通常會得到領悟：

「所以說，暴食並不是全然的失敗。」

「如果你能從中學習，就不是失敗。」我說。

這是關於回顧型第二檔的簡短說明。只要迴圈在記憶中依然鮮明，就有助於產生醒悟。

心態很重要

想要有效利用回顧型第二檔，由過往經驗得出最多豐富性，好讓你擴大學習成果，是有訣竅的。你或許記得第六章提過的卡蘿．杜維克，她是史丹佛大學的研究者，創造了兩個全新的名詞：**定型心態**及**成長心態**。杜維克對定型心態的定義是：你認為你的基本智力與能力是不可改變的，你擁有的就是你的一切，必須善加利用。反過來，成長心態則是你認為你的能力可以被培養，隨著時間而增進。

杜維克博士已研究心態數十載。根據一項定義，心態是一個人、更多人，或是許多組人持有的一套假設、方法或記號；簡單來說，就是一個人的世界觀。我們的心態或世界觀可能極具習慣性，以至於為我們對事件的詮釋染上顏色，影響我們做出的選擇與學習的成果。它甚至可能造成所謂的心理慣性（mental inertia）或團體迷思（groupthink），亦即具有類似世界觀的人們聚集起來，開始彼此回饋，比如暴民心態（mob mentality）。換言之，心態很重要。

我們是如何發展出一種特定心態？以下是一個暗示：與獎勵型學習有關。舉個簡單例子來說，比如巧克力。如果你感到壓力（觸發點），便吃巧克力（行爲），會覺得好一些（獎勵），你的大腦因此學到一件事：如果你有壓力，就該吃巧克力，才會覺得好一些。

我認爲這是在學習用特定方式來看待世界——我們戴上巧克力色的眼鏡，下次當我們感到壓力時，大腦便會說：嘿，吃點巧克力，你會覺得好一些。這便是「她戴著玫瑰色眼鏡」與「他戴著深色眼鏡」等俗語的由來。這些是委婉用語，指出人們總是用特定方式來看世界：玫瑰色是指我們總是用半滿的玻璃杯來看世界，而深色則是半空水杯的世界觀或心態。當然，你可以學習戴上巧克力色、擔憂的顏色或任一種類的心態眼鏡。你越常戴著這種眼鏡，便越會忘記臉上戴著眼鏡——它們已然成爲你的身分認同的一部分。

這個概念很簡單：根據從前的經驗，你學會以特定方式看世界。每當你做了增強學習的事情，你的世界觀眼鏡便越來越厚，而且眼鏡戴起來也越來越舒適。

杜維克大多在教育與學校環境內研究心態，不過她的研究與我們所做的每件事都習習相關，因爲心態決定了我們看世界的顏色。她最出名的是，指出我們剛才提到的兩種相反心態：定型心態與成長心態。

根據杜維克所言，依據每個人自己對能力來源的固有看法，可被區分爲不同狀態。假如你認爲自身成功完全來自於天生能力，也就是你出生後便具有的，那你就是屬於定型心態。反之，如果你認爲進步源自於勤奮、學習與訓練，你便屬於成長心態。你最認同哪一種心態呢？

或許你甚至沒有意識到自己的習慣性心態，無論你比較傾向定型或成長。然而，你只需要觀察自身行爲，便會明白是哪一種。舉例來說，只要觀察自己對於失敗的反應，通常就可十分清楚地看出來。定型心態的人害怕失敗，因爲那是對於自身基本能力的負面表述，同時提醒自己先天上的侷限。反過來，成長心態的人不那麼介意或害怕失敗，因爲他們知道可以增進自身表現；事實上，學習來自於失敗。

這是合理的，因爲如果你認爲你出生時便具有特定智能，那每當你失敗了，就是在提醒你，自身能力有限。「我無法做得更好了，只能做到這樣而已。」另一方面，假如你擁有成長心態，就會把失敗視爲學習的機會，而不是失敗。

用走在人行道上來舉例說明。如果你具有定型心態，當你在路上被什麼絆倒了，你或許會責怪自己眞是笨拙。在相同情況下，如果你有著成長心態，你或許會跟自己說：「嗯，我絆倒了。我可以從中學到什麼？」在成長心態之下，你甚至可能會質疑失敗的概念。什麼叫做失敗？如果你學到了東西，還能算是失敗嗎？

杜維克甚至認爲，成長心態可以讓一個人活出更少壓力、更加成功的人生。這也是合理的，因爲在成長心態之下，你總是能從自己的經驗中學習並得到助益。在《心態致勝》（*Mindset: The New Psychology of Success*）一書中，她建議：「如果父母想要送給子女一份禮物，最好的做法是教導子女喜愛挑戰、對犯錯感到好奇、尋求新策略、享受努力，並且不斷學習。如此一來，他們的子女就不會淪爲讚美的奴隸。他們將能終身培養與修護自己的信心。」[41]

我喜歡她所說的「**享受努力**」。當你咬緊牙關、嘗試強迫某件事改變，結果撞得頭破血流時，你很難享受一切。但是，當我們開始對於自己的體驗感到好奇、喜愛挑戰、對犯錯感興趣時，會是什麼樣子呢？

我發現這些概念可以套用在你的直接體驗，好讓你處於第二檔時，利用察覺來幫助自己轉移到成長心態，而不致陷入定型心態。

爲了體會如何做到這件事，請思索下列問題：當你產生定型看法，也就是說，不接受他人想法或者對你想法的回饋時，你的身體有什麼感覺？

你或許會注意到，你的身體感覺封閉或萎縮，彷彿你阻撓自己接納不同資訊，以免汙染你的世界觀。有趣的是，這可能有演化上的例子，比如你被一頭劍齒虎追到無路可逃，你只好把自己蜷縮成一團，越小越好，才能保護自己重要的器官。

若你是成長心態，會是什麼樣子呢？你會用開放心胸接受各種新觀念。你有在自己的體驗中感受過嗎？唯有成長心態才能讓你接受學習。

在你陷入自己迫切想要改變的舊習慣迴圈之際，你通常（或習慣性）處於何種心態？當你批評或責怪自己，你當然會封閉起來，因爲你受到了攻擊（即便是你在攻擊自己）。以下是一個例子。

我的一名患者有個不太健康的習慣，她每天晚上要喝一品脫伏特加（相當於八杯烈酒）。她在工作忙了一天、回家之後，開始喝酒放鬆，一邊煮晚餐。這種行爲持續數年之後，她明白自己生理上與心理上的健康都大受損傷，於是來尋求我的協助。我給了她一些基本指導，使用第一檔釐清自己的習慣迴圈（這個部分對她而言很容易），然後在第二檔聚焦檢視她喝酒的結果。在徹底了解酒精並不是她的朋友的一個月內，她便減少飲酒到一晚四杯。一個月後，她有些日子是完全清醒的，再延長之後，她幾乎可以一星期滴酒不沾。下一次諮商時，她跟我說了她的進步，卻沒有感到開心；她認爲這是失敗。爲什麼她無法完全戒酒呢？此外，她爲了「失敗」而責怪自己。

她要如何才能從定型心態——認爲自己是個失敗，不確定自己能否戒酒——轉變爲成長心態？

如果我的學生或患者有無窮的焦慮、頑固的習慣，或是無法控制的成癮症，我都會鼓勵他們試著將這些體驗想成是教師。教師幫助我們學習。我們學習到一些東西之後，心情會很好（因爲有回報）。最好的老師會使出魔法，讓我們敞開胸懷，並看見可由艱辛而學到的教訓，即便我們因爲痛苦而掙扎、反射性封閉或退縮。在這些時刻，我會告訴患者和學生，請他們試著把痛苦當成老師，幫助他們放開心胸、從中學習，而不是一出現痛苦便習慣性封閉自己。

當這名患者訴說她未能連續六天以上保持清醒時，她說：「我想這就是前進兩步、後退一步。」

我問她，過去幾個月來，充分了解到自己的心理是如何運作，以及從每天喝一品脫烈酒，轉變爲享受一段時日的清醒，她有什麼感想。

「感覺很好。」她說。（當下，她已放開心胸，轉移到成長心態。）

然後，我問她那些「退步」。她能否從自身習慣和她自己身上學到些什麼，一些她原本可能無從學到的事？（尤其是如果她陷入自我批評的習慣迴圈和定型心態。）

我問說：「如果妳學到了什麼，那還算是後退嗎？」

「不，我猜不是。」她領悟到，學習其實算是（而且感覺像是）前進。

我們進一步談論她在短時間內達成的進步，還有她如何將每次「失誤」當成一種指導、一種能夠幫助她前進的學習經驗。最後，她腳步雀躍地離開我的辦公室，並明白她可以從自己的經驗中學習，同時跨出責怪自己的習慣迴圈。她幾乎是在期待未來的挑戰。

我喜歡這句話：「**逃離問題，只是徒然拉長與解答的距離。**」**當我們不再阻撓自己，就不會再前進兩步、後退一步**。如果我們注意並從中學習，所有體驗都會推動我們前進。

＊＊＊

現在，花點時間看看你能否回想起最近的習慣迴圈。在你腦中釐清（第一檔），並問你自己：「我從這個行爲當中得到了什麼？」檢查看看你是否封閉起來或批評自己（定型心態），抑或把它想像成一位老師（成長心態）。問你自己：「我從這個行爲當中可以學到什麼？」然後去感受結果（回顧型第二檔）。接著重複。

第13章 改變習慣——妲娜・史摩爾的巧克力實驗

我最喜歡的神經科學實驗之一是我的朋友妲娜・史摩爾（Dana Small）博士進行的，她是耶魯大學的神經科學家與食物研究員。她的工作包括設計實驗，以測試不同種類的食品與熱量來源會如何影響腦部。爲此，她製作出各式各樣的瘋狂輸送裝置，把奶昔與不同氣味的各種東西傳送給進行腦部掃描的人。想像一名研究參與者躺在功能性磁振造影儀（fMRI）上，而你身處六公尺外的控制室，企圖在他保持頭部不動時，把不同奶昔灌進他嘴裡。這可不是件簡單的事！

當史摩爾還是個年輕無畏的西北大學博士生時，便開始進行這項食物研究，她想要測量人們吃巧克力時的腦部活動。[42]當時她使用正子斷層造影儀（PET）來測量腦部活動，因爲這比使用功能性磁振造影儀來得舒適一些。在正子斷層造影儀掃描時，實驗對象可以一邊吃東西一邊掃描腦部，而在功能性磁振造影儀掃描時，他們必須保持頭部完全靜止不動。

史摩爾讓實驗參與者挑選自己最愛的巧克力棒，然後在他們掃描腦部時，她會餵他們吃。當他們被餵食時，要使用負十到正十之間的量表，來表達自己有多麼想再吃一口：負十代表「糟透了，再吃下去就會吐出來」，正十則表示「我很想再吃一口」。由於那是實驗對象最愛吃的巧克力棒，因此他們在實驗開始時通常會給出正十的分數。

然而，久而久之，評分開始下降到接近正五——「挺好的，再吃一個也不錯。」當史摩爾繼續餵食他們之後，評分又下降到中間地帶。

不意外地，他們的評分持續下降，跌破負五：「不開心，我不想再吃了。」再一路跌到負十：「糟透了，再吃下去就會吐出來。」

短時間內，人們的感覺便由「很想再吃」變成「令人作嘔」。

在這個過程中，史摩爾測量他們的腦部活動，發現了很有趣的事。後扣帶皮層——這個腦部區域在我們陷入體驗時會被啟動，但在我們冥想、覺察或放手時便會沉靜下來——是在開心與噁心時**都會被啟動**的大腦區域。這表示，後扣帶皮層在**渴望**與**迴避**時都會被啟動；「我很想再吃一口」與「我很想停止」時，都會啟動。

史摩爾的研究證明，想要「多一些」與想要「少一些」，啟動了相同的大腦區域。其中的共同點是渴求或想望，更爲準確地說，陷入在「想要更多」或「想要更少」。請注意這裡的推拉因素：愉悅的事物拉攏我們，或是我們在擁有喜歡的事物時，堅持不放；不愉快的事物推開我們，或是我們在體驗不愉快的事物時，設法讓自己分散注意力。

那麼，爲什麼這對改變習慣而言很重要？首先以暴食習慣迴圈來舉例說明。如果你很喜愛巧克力（這可替換爲你最愛的食物或活動），你看到巧克力就會想吃。吃下去之後，你至少一陣子會感到開心，於是你的大腦說：「眞不錯，再來一遍。」如果你過度進行這項活動，會怎麼樣？嗯，這取決於你有沒有在注意。

如果你和妲娜的巧克力實驗的人一樣，你會有所注意，因爲你被要求這麼做。當你必須爲自己想要的程度評分，就會更加清楚何時已達到足夠的程度。但在眞實世界，我們更常在沒有覺察之下吃東西，或是沒有覺察地做任何行爲，因此，我們往往未能注意到自己觸及愉快的臨界點，而轉爲不愉快。

不過，假如你訓練自己去注意，情況便會不同。我的實驗室利用覺察飲食計畫的成員所組成的焦點團體，釐清了這種醒悟的過程。[43]單純只是將自己的意識放在飲食的結果，我們的計畫成員便學會享受一些巧克力，也因爲他們現在全神貫注，就更能改變自己的飲食模式及避免過度耽溺或暴食。[44]在一項前導研究中，我們發現，參與者利用我們的「現在就吃」計畫，在沒有特別的飲食指導之下，兩個月後平均減重八磅（約三．六公斤）。我們只是強調吃東西時要注意，飽的時候就不要吃了。這項研究證明，覺察或許是與眾不同且眞正有效的減重方法，而不必依賴傳統的意志力方法。

將意識專注在你的行爲所帶來的結果，以促進改變習慣，也適用於飲食之外的領域，例如憂慮等習慣。有一個例子是規劃未來，好比巧克力——一些些嚐起來很好，但太多了便有不良影響，因爲也許會引發對於未來可能出錯的焦慮。

因此，假如你陷在過度耽溺的習慣迴圈，例如暴食、過度規劃或胡思亂想，下次當你開始陷入同樣迴圈時，看看你能否進行自己版本的妲娜實驗：在你耽溺於**任何事物**時，集中注意力。問你自己：「我這樣做，得到了什麼？」（第二檔）看看你能否確實分辨，天秤開始由「美味」傾斜到「中立」、再到「不愉快」。這能否幫助你在臨界點停下來，或者至少慢下來？

態度就是一切

倒垃圾很少被視爲日常生活裡的高潮片段，不過，我們來想想「態度」在倒垃圾這種行動中所扮演的角色。假如到了倒垃圾的時間，而你用惡劣的態度去做，你猜會怎樣？你學會把「倒垃圾」跟「不好或不愉快的事」連結在一起。反過來說，如果你明白自己無論如何都得去倒垃圾，也不覺得那有什麼大不了，你將學到「去倒垃圾沒什麼大不了」，而下次就會簡單一些，還有下次、下下次，即便是在寒冬或大雨之中。改變你對簡單任務的態度，便能對你的人生產生巨大影響。

以下這段話據說有數個來源，但可以對此做出很好的總結：

> 觀察你的想法，它們變成話語。觀察你的話語，它們變成行動。觀察你的行動，它們變成習慣。觀察你的習慣，它們變成性格。觀察你的性格，它們變成你的宿命。

這段話不僅適用於倒垃圾，亦適用於你在生活中所做的每件事。如果每當你陷入習慣迴圈時，心裡就想說「又來了」或「我沒辦法處理，永遠都行不通」，那麼你可能在那之上又增添了第二個沒有好處的習慣：

> 觸發點：開始掙扎

行爲：覺得情況會很糟（定型心態）
結果：增加了情況變糟的可能性

此外，你也必須花更久的時間來面對原本的習慣迴圈，因爲你會不斷增強這兩個習慣迴圈：你正在掙扎的習慣迴圈，以及「惡劣態度」習慣迴圈。

反過來說，如果你可以開始練習，對自己的體驗展開調皮的好奇心，作爲第一檔與第二檔的模式，你會得到三個好處：（一）你正在掙扎的習慣，將變得更爲容易處理；（二）你學會放開沒有幫助的態度（明白它們不具回報性）；（三）你將養成有益的好奇習慣（你將在第三部學到這極具回報性）。看看你能否更有規律地檢視自己的態度。

當事情實在很荒謬或可笑，你便很難再認眞看待它，因此它不會再那麼牢牢掌控你。覺察能幫助你更加注意自己的心理陷入何種狀態，並且讓你看到，只是因爲你說服自己相信情況會變糟，事情就變糟，這實在太荒謬了。這項領悟也能讓你原諒自己一開始養成那種有害的習慣。還記得我的一位患者在自己開始陷入自責的焦慮習慣迴圈時，是如何提醒自己的嗎？她會對自己說（帶著輕笑）：「喔，那只是我的大腦在作怪而已。」重要的是，要永遠仁慈地對待自己，不要爲了我們大腦天生的運作而責怪自己。

你可以把相同的調皮態度，運用到各種浮現的想法與情緒之上。不必對抗或推開它們，你可以單純、**調皮地**承認它們是想法與情緒；那就是好奇的態度的目的。你會十分好奇那些感受，並開始追蹤你的習慣性反應；透過這種方式，你便能看到它們是如何左右你的生活。當你學會運用這種好奇態度，它們便不太可能像以往那樣掌控你。很明顯，它們只是你身體內的想法與感受而已。沒錯，它們或許會操控你當下的生活，可是它們並不構成你這個人。

你甚至可以把那些想法與情緒變成自己的老師。不必爲了自己不斷掙扎或無法做出更快的進步而沮喪，反而應該要產生好奇心。既然都有了那些想法或情緒，不妨利用它們來探索你的各種不同反應。以下是一個例子，假設你注意到自己陷入沮喪。

觸發點：開始覺得沮喪

行爲：注意到習慣性反應，然後問：「我從這個行爲當中得到了什麼？」

結果：看到舊習慣是多麼沒有回報；由沮喪的回饋而得到醒悟（第二檔）

看看你能否用仁慈、調皮的好奇態度，來對待自己改變習慣的過程。如果你注意到自己在面對恐懼的習慣迴圈之際、或是釐清你的焦慮習慣迴圈之際感到害怕，看看你能否讓自己跟那種感受保持一些距離。深吸一口氣，提醒自己，這只是大腦想要幫忙，但有些偏離軌道而已。如果沮喪或某些不好的態度浮現出來，就看看你是否封閉了自己，或是陷入了某種定型心態習慣迴圈。如果是的話，花一點時間來釐清，看看自己從那些行爲得到了什麼。這麼做的目的是要讓你明白，那種態度毫無回報，同時展開醒悟的程序。等你覺醒之後，將來那種態度再度出現時，你只需注意到，並提醒自己，那只不過是你天生的瘋狂習慣而已。這種察覺的簡單動作能戳破舊習慣的泡泡，並且支持開放與好奇的新態度。

第14章 改變習慣需要多久時間？

某一天，我在一場會議的後台準備等一下要演講，無意間聽到前面的演說者正在討論我經常被問到的問題：「眞的需要花上二十一天，才能養成新習慣嗎？」

爲了解釋這個問題，那位演說者引用了一位整形醫師麥斯威爾．馬爾茲（Maxwell Maltz）所說的話，他觀察到，患者在鼻子整形之後，必須花二十一天的時間才能習慣自己的全新長相。問題是，我找不到任何經過同儕審查的研究可證實他的言論。因此，雖然二十一天是一個廣爲人知的數字（它已經在網路上傳播得夠遠、夠久了，也許它的年紀比本書的讀者都還要老），但是，並沒有可靠證據能證明它是對的。

習慣迴圈的形成是很單純且容易的：你做了某件事，如果它是有益的，那麼只要一有機會（與觸發點），你就很可能會再做一次。另一方面，若你想要養成一個新習慣——它無法帶來立即且清晰的好處——那就很難預料結果了，因爲你必須考慮到基因、你的動機狀態、你在行爲的當下所處的環境等一切要素。比起我們相信的二十一天這個數字，習慣的形成其實更複雜一點。

這個結果是出自於研究，儘管這類研究並沒有很多。舉例來說，二〇〇九年，費莉帕．拉利（Phillippa Lally）和倫敦大學學院的同僚發表了一項研究，題爲〈習慣是如何養成的：模擬現實世界的習慣形成〉（*How Habits Are Formed: Modelling Habit Formation in the Real World*），他們發現，在十八到二百五十四天之間，行爲會達到「自動化」。[45] 這個區間十分廣大，而且由於這項研究僅進行了十二週，因此必須完全依賴數學模型。除此之外，在六十二名研究參與者之中，只有三十九人「貼合」模型（意思是指數據點接近理論圖曲線）。我並不是要貶抑這份論文，只是因爲變數太多，所以很難進行此類研究。

不過，我們可以減少那些變數，方法如下：挑選一項特定行爲來研究，並測量其獎勵價值的變化。如此一來，或許可以得出養成新習慣的實際時間框架。

我的實驗室便是這麼做的。

事實上，數十年前的某一項研究便極具抱負，不僅是在網路上可信，而且是**真正可信**，因爲在多種實驗動物身上重複進行過（老鼠、猴子、人類）。一九七〇年代，研究者羅伯特．瑞斯柯拉（Robert A. Rescorla）和艾倫．華格納（Allan R. Wagner）提出一項數學模型，如今名聞遐邇，並以他們的名字命名。[46] 喜好數學的讀者們，請看下列的方程式。（不喜歡數學的人就直接跳過這三段，我保證不會在之後考試。）

瑞斯柯拉－華格納增強學習模型*如下所列：

$$V_{t+1} = V_t + \alpha\delta t$$

這個模型假定，一項特定行爲目前的獎勵價值（V_{t+1}），取決於先前的獎勵價值（V_t）加上學習信號（$\alpha\delta t$）。學習信號則取決於所謂的預測誤差（δt），亦即行爲的實際結果與預期結果之間的差異；學習信號會註記在眼眶額葉皮質和其他的腦部區域。不必太過在意α，它是受試者層級的一個靜態參數（常數）。

我用數學術語以外的說明來重複一遍。基本上，你在進行一項行爲時（比如吃蛋糕），你的大腦首先會設置那項行爲有多麼具獎勵性的記憶（比如，蛋糕很美味）。請記

* Boll et al., *European Journal of Neuroscience*, vol. 37 (2013): 758–67.

住，這項價值是根據各種因子而決定，包括環境、情緒狀態等等（比如，與該行爲相關的人、事、地點），而被集結成爲單一綜合價值。一旦學到那種獎勵價值之後，依照以往的獎勵，你的大腦便預期下次這種行爲也會給你等量的獎勵。問題在於，你的大腦預期價值會和以前一樣（吃蛋糕＝吃蛋糕），即使環境不一樣（餓的時候吃蛋糕＝飽的時候吃蛋糕）。如果你喝到過期牛奶，等你發現味道餿掉，就不會再喝了，因爲你的大腦發出信號說，它所預測／預期得到的價值，與實際得到的價值之間有著差異（沒有跳掉那幾段的數學愛好者便知道，這就是預測誤差）。如果你習慣性地吃蛋糕，毫不注意實際結果——例如，吃的當下有多少獎勵性？——你的大腦便不會發出少了什麼或什麼出錯的信號（這不是預測誤差，因爲蛋糕＝蛋糕）。然而，要是你**確實有在注意**實際結果，便會注意到，吃兩塊蛋糕已不像你五歲時那麼具獎勵性（那時你早午晚三餐都吃蛋糕也不會發胖），這項預測誤差會發出信號給你的大腦說，應該要更新獎勵價值了。

這是第二檔的數學基礎。這是你學習的方式，也是你改變習慣的方式。了解這點，就會對實際生活產生影響，包括你能夠多快改掉「壞」習慣，以及學習「好」習慣（不必擔心數學）。

爲了研究參與者在使用第二檔時，獎勵價值對於戒掉暴食與吸菸的助益及速度，我們在「現在就吃」與「渴望戒菸」手機應用程式當中設置了一項「渴求工具」。我們請計畫參與者每次在渴求出現時，就使用這項工具，第一步如左圖。

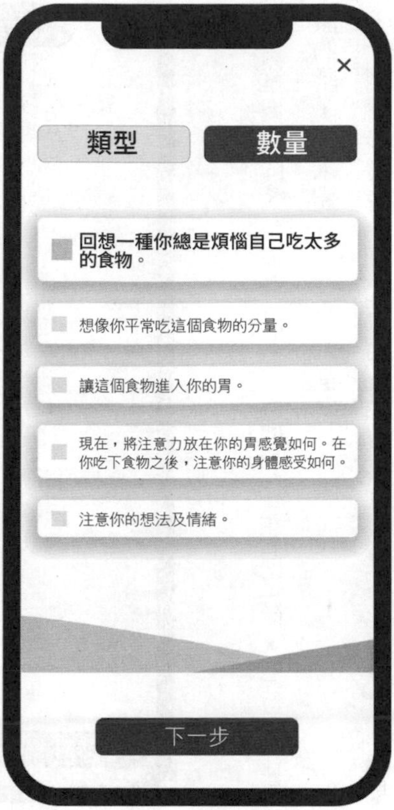

接著，我們請他們評量自己的渴求現在有多麼強烈。

第一步會協助人們（與我們的研究團隊）正確評估其行為**現在**具有多少獎勵性，例如，假設他們渴望吃蛋糕，便利用渴求工具練習，想像自己吃了蛋糕。如果獎勵價值很高，他們的渴求將維持相同、甚或升高（因爲他們在想像之後，導致現在眞的很想吃）。如果他們肚子餓的話，渴求還會進一步升高。

在第二步，我們請參與者進行吃東西／抽菸的覺察練習，好讓實際結果記錄在他們的腦中。

在這裡，如果他們極爲注意自己吃了三塊蛋糕（而不是吃了一塊之後就停止），或抽了一根菸，就會親自看見並感受到這項行爲實際上具有多少獎勵性。我們請他們立即記

錄，評估自己的滿足程度。我們也請他們數分鐘後於「現在就吃」應用程式重複進行一遍，因爲有時候，囫圇吞下一大塊蛋糕或一大把餅乾的飽脹感不會立即爆發。我們請他們每當有渴求時都這麼做，以確保他們的大腦得到正確的、更新過的訊息，讓大腦明白這項行爲究竟具有多少獎勵性，進而取代舊的、過時的獎勵價值記憶。他們越常這麼做，新記憶便越加堅固。（一位使用「渴望戒菸」手機應用程式的人回報說：「今天我所抽的香菸都很噁心。」）

一旦新的獎勵價值變得牢固，下次當你被觸發想要吃東西或抽菸的欲望時，只需進行第一步，便能讓那項價值浮上檯面，並且讓渴求的念頭下沉，如此必有助於跨出習慣迴圈，改變你的行為。

根據參與者的主觀評比（做了行為之後的滿足程度，並且渴求再做一遍），我們可以計算要花多少次，才能讓行為的獎勵價值下降。我的實驗室有一位博士後研究員，維若妮卡・泰勒（Veronique Taylor），她針對兩項研究建立了瑞斯柯拉－華格納模型，一項是吸菸，另一項是吃東西。[47]她在兩項研究中均發現了瑞斯柯拉－華格納曲線，且兩邊驚人地相似：在使用渴求工具十至十五次之後，實際的獎勵價值下降到接近零。

這些結果，加上我的實驗室根據抽菸者使用「渴望戒菸」應用程式一個月後大腦變化的研究，再加上，使用「現在就吃」應用程式兩個月後渴求所引發的飲食減少了四成，我們開始更加了解三檔位模型在腦部與行為上運作的方式。[48]當然，我們還需要做更多探索，以徹底整合這些研究。

然而，由各種數學與測量來看，有一件事是很明確的：如果你想要改變一種習慣，非常重要的一點是加以注意。假如那個習慣是你迫切想要戒掉的，你不能號令、強迫或祈求它終止，因為這不太可能對其獎勵價值產生效果。如果那個習慣是你想要在二十一天或二十一年內養成的，藉由理性、強迫或祈禱使其實現的機率也很低，理由與前述相同。你不可能靠著思考，便改掉壞習慣或養成好習慣。儘管我們對自己的習慣都有希望與計畫，但我們負責感受的身體（亦即行爲的結果註記之處）會戰勝我們思考的心理。

看看你能否駭進自己的大腦，運用這些概念及知識，持續練習第二檔（現在式與回顧式）。看看你的瑞斯柯拉－華格納曲線多快能從「獎勵」下降到「呃」，再到「不，謝了」。

誰需要信心喊話？

如果你現在還感到很掙扎，不要擔心，第一檔和第二檔根本就還沒把重點放在改變行爲上，我們會在第三部做這件事。現在，我們來看一台小火車。

《小火車做到了！》（*The Little Engine That Could*）是我最喜歡的童書之一。

在這本童書中，有一台小小的藍色火車頭，它是調車機車（switch engine）。當它必須拉著孩子們的耶誕禮物翻越山坡時，它覺得自己爬不上去。

小火車頭正面對著艱難的狀況，腦中有許多打擊信心的邪惡聲音，壓抑著自己。爲了對抗那個聲音，它想出了一個很有節奏的口號：「我想我可以——我想我可以——我想我可以——」（I-think-I-can.）

小火車頭將自己與載滿耶誕禮物的車廂勾在一起，唸著可靠的口號，開始爬坡。「我想我可以——我想我可以——」它反抗心裡的惡魔，爬到山頂，然後下坡迎接孩子們歡呼的尖叫聲，原本拿不到禮物的孩子們現在都喜極而泣。它在下坡時，把口號改成：「我做到了——我做到了——我做到了——」（I-thought-I-could.）

所以，小火車的祕密配方到底是什麼？是機油？還是努力？

實際上，在這個故事裡，除了**努力**之外，還有其他要素。小火車首先把重點放在未來（我想我可以），然後回顧過去（我做到了）。但是，真正讓它成功爬上山坡的原因，是它沒有被困在過去或未來；它把注意力放在當下。

你可以從這個故事中學習到這些：

不要相信你的想法（尤其是**應該**）。想法只是在心裡來來去去的字句或畫面，你必須抱持著健康的懷疑態度來看待，但這並非代表思考是件壞事，要記得，規劃、解決問題、發揮創意，都是我們人類的特別之處，在生活中也對我們有許多幫助。如果我們被困在擔憂或自我批評的習慣循環當中，思考會拖我們的後腿（「我應該這樣做」、「我不應該那樣做」），這種想法（尤其是意見很強烈的想法）是必須要注意的，因爲那會讓我們覺得自己很糟糕。

要相信你的大腦，你的大腦已經演化了數十億年，來幫助你生存。雖然大腦並不是對每件事都有解答，有時還會把你帶往錯誤的方向（如擔憂思考），但它不會突然之間改變其古老的、經過考驗的、正確的、可靠的學習機制（獎勵型學習機制），然後背叛你。你越是了解大腦的運作方式，就越能理解如何找出習慣迴圈，以及對舊習慣的醒悟，這能幫助你前進，信任感也會加深。

相信你的身體，或者應該說你的身心，因爲這兩者其實是密不可分的，獎勵價值就是註記在此處。當你仔細注意行爲所帶來的結果，眼眶額葉皮質就會根據身體實際的知覺及感受，來更新獎勵價值。

相信你的體驗，**你**就是那個祕密配方。不斷重複找出你的習慣迴圈，讓大腦知道你是**認真、盡力想要改變習慣**。仔細注意行爲和結果之間的因果關係，這眞的能改變獎勵價值，也能眞正幫助你對無益的習慣有所醒悟，對有益的習慣感到著迷。

狗屁成長機會：如何處理自我批判的習慣迴圈

我還在讀大學時，有一回我走進食堂，和幾個朋友坐下來吃午餐。有另一個人自己坐在另一張桌子，不知道爲什麼，我脫口而出一些針對他獨自一人吃飯的話語。後來我絞盡腦汁，怎麼也記不起來我說了什麼，但我卻鮮明地記得接下來的事，因爲朋友和我本人都對我剛才做的事情感到無比錯愕。即使到了今日，事過將近二十五年，我寫到這裡時仍感到退縮。我不是那麼惡劣的人；我在學校裡沒有霸凌別人。我們都對剛才發生的事感到十分震驚，尤其是那個被我霸凌的可憐人，他後來什麼都沒做，只是低頭吃完午飯。

這個故事的重點是之後發生的事。

如果我的腦袋正常的話，我應該起身，走過去向那個人道歉；但我沒有那麼做。我也被自己的行爲嚇呆了，只是埋頭把飯吃完，就離開了。

爲何我能如此鮮明地回想起這一幕，彷彿昨日一般（心臟跳動、胃部收縮——自律神經系統激發的各種訊號）？因爲我沒有把手榴彈丟到室外（藉由道歉），而是把它深埋在我心中，每隔一陣子，我便暗自拔掉手榴彈插銷。我無法改變以前做過的事，但我可以不斷譴責自己，一遍又一遍。

我們的生存機制的設定方式，是爲了讓我們從錯誤中學習。在第一次被熱鍋子燙到以後，我們學會避開，才不會一再被燙到。藉由自我譴責，我們以爲這樣才能學到教訓，畢竟因爲我們做了某件事，而那件事沒有讓我們學到什麼。於是，我們只好在回想時一次又一次拔掉手榴彈插銷，以爲鞭笞自己，便能神奇地修補過去。

當然，我確實有從那次不幸的食堂事件學到教訓。在那之後，我再也沒有做過任何類似的舉動，但我的傷疤依舊留著。重要的是，這些傷疤是不必要的——事實上，一開始就不應該發生那種傷害。假若我有道歉的話，我猜想我們兩人都會小心翼翼地笑說我的腦袋秀逗了，然後結束這件事。

十年後，在我冥想數年並深入研究獎勵型學習之後，我了解到有兩種路徑會通往狗屁成長機會（fucking growth opportunity，是我妻子把這個名詞介紹給我）。

路徑一是「審視與學習」的健康選項，我們實際上會學習並成長。我們將之視爲老師，審視發生的事件，並從中學習（包括我們自己的內在回饋）。

觸發點：犯了一個「錯」

行爲：審視與學習

結果：不再重蹈覆轍；由經驗中成長及前進

你可以把這想成是全天然、植物性的午餐選項：吃起來很可口，我們感到有活力，並明白自己對於保護亞馬遜雨林棲息地不遭到破壞有所貢獻。

路徑二是「回想與後悔」的選項，是不太健康的選項。我們陷入自責習慣迴圈，什麼都沒學到；我們漠視或壓抑成長機會，自是專注在自我鞭笞。

觸發點：犯了一個「錯」

行爲：批評或責怪自己（揭開過去的傷疤）

結果：老舊的傷口又變成新傷口，而且開始流血

不久前，我看到一句話：「**寬恕，是不再期望過去可能變得更美好**。」我花了一段時間，在我自己進行覺察練習、明白「回想與後悔」習慣迴圈多麼沒有獎勵性之後，我饒恕了自己，進而打開大門，好讓自己從食堂事件的狗屁成長機會眞正學到教訓。

觸發點：想起食堂腦袋秀逗事件

行爲：注意到胃部收縮及腦中開始自我批評；給自己一個心理上的擁抱，提醒自己無法改變以前做過的事，但已從中學到教訓

結果：傷口癒合

談我自己談得夠多了，現在輪到你來反省自己的自責習慣迴圈。藉由釐清這些迴圈，你便能開始跨出舊有的習慣迴圈，開始審視與學習；不是由從前發生的事，而是你要如何面對現在的自己，就在自責習慣迴圈觸發點出現的當下。回想與後悔＝定型心態。審視與學習＝成長心態。

你能否審視自己利用第一檔釐清出來的自責習慣迴圈，並進入第二檔，問自己：「我責怪自己，得到了什麼？我能否更加清楚地看到，自我鞭笞持續了全程？我現在是否明白，當我注意到責怪自己是多麼痛苦，便能幫助我逐漸打破那個循環？」

在第三部，我們將在第二檔的練習之上，將更大、更好的機會運用到狗屁成長機會。一旦你在第二檔蓄滿足夠動能，打從心底眞正感受到自我批判與自我鞭笞的壞處，你便已準備好進入第三檔了。

第三部

幫大腦找到更大、更好的機會：第三檔

好奇心比勇氣更能征服恐懼。

——詹姆斯・史蒂芬斯（James Stephens）

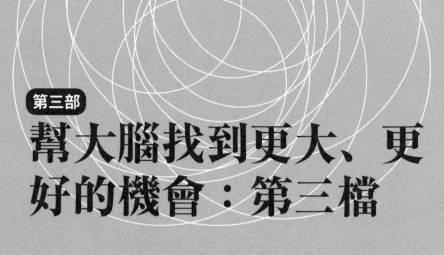

第15章 更大、更好的機會

亨利・布洛森（Henry Blossom）與維克・賀伯（Victor Herbert）在一九〇五年寫了一首歌曲，然而卻像是昨天才寫的，歌名是〈我要我要的，在我要的時候〉（*I Want What I Want When I Want It*），名字聽起來很現代，因爲我們似乎進入了成癮的年代。以聞所未聞的程度，我們人類的集體能力聚焦到開發、精煉、大量製造與散播比以往更易成癮的化學物質與體驗之上。古柯鹼算什麼，臉書推出按讚功能，所有人都上癮了。當我們上網看到演算法訂製的廣告，正是我們數日前在谷歌搜尋過的東西，或者瀏覽社群媒體，看到某人精心修飾過的生活照片時，我們腦中浮現出極易引發焦慮的自我批判想法：「我想要他所擁有的」，更是增強了這點。

數千年來，人類一直在對抗渴望。公元前四四〇年，希臘雅典萬神殿有一幅浮雕作品，描繪了一名騎士試圖馴服野馬，也描繪出衝突和欲望（馬匹），與人類意志力的「克制力量」（騎士）之間的掙扎。在現代，改變行爲的方法，很諷刺地，其實大量受到啟蒙時代思想的影響：今日世界極爲強調個人主義與理性。[49]我們認爲，我們的力量來自於我們能夠批判性思考。我們認爲，我們可以藉由思考來排除內心欲望驅使的行爲——事實上，欲望的力量可是遠遠大於來自前額葉皮質的意志力。明白習慣對我們是不好的，並不足以改變習慣。即使我們提出最縝密的節食與減重計畫，爲什麼屢見不鮮地，我們依然不斷復胖（無止境的減重，然後又胖回來）？我們太過專注於以意志力來改變習慣及成癮，卻未見效。單單是在美國，鴉片類藥物與肥胖已被形容爲疫病。

既然個人、理性與自我中心的方法功效不彰，我們是否能從中找到線索，作爲前進的教訓？

現代人的神經網絡仍然處於狩獵採集（而且不要被獵捕）的模式，這意味著，每當我們有壓力時，便去抽菸、吃蛋糕或檢視電郵與即時動態，而獎勵型學習就會出現：基本上，我們每次藉由某個東西來撫慰自己，就是在增強學習，直到變成自動化與習慣性；我們因此陷入焦慮與其他的迴圈。舉個例子來說，我的一名患者希望自己能戒掉四十年的抽菸習慣，但在這之前，他已增強學習迴路大約二十九萬三千遍。意志力怎麼能比呢？

現今的心理學與行爲學方法幾乎全都是依賴理性與意志力，例如，認知行爲治療

（CBT）不但是美國國家藥物濫用研究院（National Institute on Drug Abuse）治療成癮的黃金標準，或許也是最爲普遍使用的心理健康實證療法；它專注於改變適應不良的思考模式與行爲。[50]如果此處再次使用「馬匹與騎士」的比喻——我們的欲望是馬匹，認知控制能力則是騎士——認知行爲療法大多專注於培養騎士面對壓力源的能力。[51]

然而，隨著藥物和體驗變得越來越容易成癮與取得，馬匹益發強大及狂野。例如，二〇一三年，調查記者邁可·摩斯（Michael Moss）在《紐約時報雜誌》（*The New York Times Magazine*）發表了一篇揭發食品產業的報導，題爲〈致癮垃圾食品的特異科學〉（*The Extraordinary Science of Addictive Junk Food*），文中概述食品公司刻意共同謀劃讓食品更加致癮。[52]科技業如法炮製，讓數百萬（有的公司則是數十億）用戶測試產品，包括社群媒體平台和電玩等。產品的設計是要增加使用者的參與度，以及促使他們進一步消費產品，而非滿足。臉書創辦元老之一的西恩·派克（Sean Parker），因其股權成爲億萬富翁，他直白地說明臉書「是一個社會認同的回饋迴圈……正是我這樣的駭客會想出來的，因爲這是在利用人類心理的脆弱性」。他接著說，在臉書的發展初期，他們的目標是「盡量消耗你的時間與注意力」。[53]

我們可悲的大腦——唯恐我們遺忘，只想幫忙我們尋找食物——智勝武取樣樣不行。

原始神經構造（例如：背外側前額葉皮質）已被證明與認知控制有所關聯，是我們面對壓力等觸發點時最先啟動的構造。[54] 我們都曾經歷過這種情況：如果我們在深夜時感到壓力及疲累，我們更可能渴求冰淇淋，而不是花椰菜。

爲了增加我們的勝算，假如欲望與渴求在獎勵型學習的過程中會被增強，那我們能否利用相同的程序來訓練我們的心智，甚至不需花費額外的時間或努力？[55]

好消息是，你已經爲此做好了準備工作。你已經藉由在第一檔釐清你的焦慮習慣迴圈而建立起意識，並在第二檔仔細且清楚地察覺到你的行爲所帶來的結果。在這個過程中，你開始改寫眼眶額葉皮質看見的獎勵價值。那些「上蠟、除蠟、漆圍欄」的舉動，已讓你準備好跟腦袋大打一仗。

爲了影響或改變行爲，你亦需要注意：你必須意識或醒悟到自己正處於習慣行爲之中，才能採取行動來對付它。這是第一檔與第二檔的精髓。此外，在註記了行爲的價值之後，意識不僅會協助你經由醒悟而戒掉舊習慣（第二檔），同時也會培養健康習慣——重複行爲，直到行爲已變得自動化，習慣迴圈也隨之深化。

這是目前的認知技巧與覺察練習的重要分歧點。理性（騎士）會喊停（並且改變你的可悲想法），然而在大多數案例中，衝動（馬匹）會踹走理性，脫韁逃跑，完全不受控制。相反地，覺察會建議你專心注意：體驗行爲的後果／結果，並爲下一次做好學習。覺察練習的理論直接符合大腦的獎勵型學習的運作方式，也就是說，當你確定眼眶額葉皮質得到正確資訊，便可更新一項行動的相對價值、加以儲存及記憶，作爲未來之用。

當這個功能充分發揮之後，你便無須依賴理性。相反地，行動的相對價值變得更加明確，你的穴居人大腦就會接管大權。要記得，生存腦遠比年輕軟弱的前額葉皮質更加強大。你不必思考情況；情況會自然展開，且會依循你的大腦幫助你學習的自然原則。

我希望截至此時，你已建立起第一檔與第二檔的實證基礎。如果你有的話，或許你對於「現在就吃」計畫參與者所寫的一篇日誌會心有戚戚焉：

> 有一天晚上，我因爲一個情緒性場景而暴食。我爲了快速得到紓解而火上加油。甜食的短暫舒緩變得不勝負荷，身體感受到巧克力的飽脹感，陷入挫敗與幻滅之中。

如果你已在自身經驗當中清楚找到了醒悟的感覺（不僅僅是**理解**這個概念，而是**親身體會**到這種感受），恭喜你，你已經準備好進入第三檔了。

第三檔

回到眼眶額葉皮質，我們知道如果一個行爲被增強、持續下去，那麼它的獎勵價值，很可能比它所取代的行爲還要更高。你可以把眼眶額葉皮質想像成一個對 Tinder 等交友軟體上癮的人，他們永遠都在滑，不斷尋找更大、更好的機會。我們的眼眶額葉皮質在選擇行爲的時候，永遠都在尋找更大、更好的機會。

事實上，眼眶額葉皮質會設定獎勵價值的排行榜，這樣你不需要花費太多心理能量，即可有效率地做決定，尤其是在你要做出選擇的時候。你的眼眶額葉皮質，會爲所有曾經做過的行爲訂定價值，當你要做選擇的時候（例如要從兩個行爲當中選一個），它就會選擇更有價值的那一個。這能讓你快速且輕易地做出選擇，不需要想太多。

舉例來說，我經常吃巧克力，次數多到眼眶額葉皮質爲巧克力訂定了詳細的獎勵價值排行榜。我的排行榜是這樣的：比起四〇％的牛奶巧克力，我更喜歡七〇％的黑巧克力。如果我的面前有這兩種巧克力，我不需要思考，就會選七〇％的。不要誤會，我並不是絕對忠於七〇％巧克力；只要有達到七〇％的條件，我很樂意嘗試新口味（更高的比例；加點海鹽、辣椒或杏仁），但我很少會勉強接受七〇％以下的。

若要打破舊的習慣、培養新的習慣，你需要創造出必要條件。

首先，你必須確保舊習慣的獎勵價值已經被更新了，這就是你需要不斷練習第二檔的原因。

再來，你必須找到更大、更好的機會。

舉例來說，明確地注意到香菸的味道並不好，可以降低吸菸的獎勵價值（第二檔），但是，人們在原本吸菸休息的時間不吸菸了，也不可能呆呆站著。如果什麼都不做，很快就會無聊、坐立難安，這會讓人感覺不舒服。許多成癮治療會讓患者去做替代行爲，吃糖果可以消耗時間，也能滿足渴求（在一定程度上），但還是會形成習慣：渴求被觸發後，就吃糖來取代吸菸，這形成了獎勵導向學習循環，而且通常是導致患者戒菸後平均增重十五磅（約六．八公斤）的主因。

最後，爲了讓新習慣能持續下去，你必須找到一種**特殊的**、**更大**、**更好的機會**，而非只是某種原有的、更大、更好的機會。

你需要找到更有價值的獎勵，而且不能只用另一種行爲來取代原本的行爲以形成習慣迴圈。

覺察也許可以勝任。這眞的很重要，所以我要再說一次：**實際上，覺察可能會給予你**

更讓人滿意的獎勵價值，它可以提供更大、更好的獎勵，卻不會帶來滿足渴求所造成的後果（後續有更多相關內容）。

以下繼續使用壓力作爲範例。如果你用覺察的好奇心當作新的行爲，來取代吸菸或是吃蛋糕，會有兩個獨特的差異：（一）從外在行爲（吃東西、吸菸等）轉變爲內在行爲（好奇心），更重要的是，（二）獎勵價值的本質變得不同了。你也能用覺察的好奇心來代替擔憂等內在行爲，因爲相較於焦慮，好奇心的感覺好太多了。

我的研究室特別針對不同心理狀態及情緒所帶來的獎勵價值做研究，得到了某些驚人的發現。與善意、驚奇、喜悅、好奇等狀態相比，惡意、壓力、焦慮、渴求等狀態，不僅僅使人感覺更糟（獎勵價值更低），也感覺更封閉，而前者則是令人覺得更加開放、舒展。要記得，以生存的角度來看，這是合理的。如果你被劍齒虎追殺，現在被逼到了角落，你的直覺會做什麼？你會把自己蜷縮成一團，越小越好，才能保護自己重要的器官。

我的實驗室發現，即便是封閉的感覺，亦即退縮的心理狀態，也會啟動腦部預設模式網路的區域，例如後扣帶皮層（本書第一部談過）。[56]相反地，對當下體驗的好奇心，不只與開闊、舒展的感覺相關，更會減少大腦該區域的活動。重要的是，後者的感覺比前者好多了——它的獎勵價值更高。

我們現在做一個三十秒的實驗來說明這個概念，這樣你就能根據自身體驗牢牢記住這個知識。

想想最近一次你感到焦慮或害怕的時候。回想那個事件和要素，直到你的身體可以感受到當時的情緒。

注意一下那個感受發生在你身體的**哪裡**。

現在注意一下感覺如何。是一種封閉、收縮、狹隘的感覺，還是開放、舒展的感覺？

現在回想最近一次你感到快樂的時候。回想那個事件和要素，直到你的身體可以感受到當時的情緒。

注意一下那個感受發生在你身體的**哪裡**。

現在注意一下感覺如何。是一種封閉、收縮、狹隘的感覺，還是開放、舒展的感覺？

只要你親自做做看，就會知道它很簡單，但你一定會很驚訝我們在研究室裡需要花費多少精力才能確認這件事。在我的研究室的博士後研究員伊蒂絲．邦寧（Edith Bonnin）的領導下，我們測量了數百位受試者在這些情緒狀態下的獎勵價值。我們發現，與封閉的狀態相比，幾乎全世界的人都更喜歡開闊的狀態。只要你自己試著做這個實驗，就可能會產生一樣的感覺，發現喜悅是一種開闊的感受，壓力和焦慮則是狹隘的。

* * *

覺察能夠帶給你的好處有這些：（一）幫助你更新舊習慣的獎勵價值；（二）這個練習是內在的（也就是說，你不需在缺貨時去店裡購買或是在亞馬遜網站下單）；（三）相較於困在習慣迴圈的倉鼠跑輪之中，這是很大的進步。

簡單來說，第三檔就是這樣：找到更大、更好的機會（替代行為），因爲它更大、更好，所以比起舊習慣，你會更喜歡它。因爲它的獎勵價值更高，所以剛開始每一次都能讓你跳脫舊的習慣迴圈，等到重複的次數夠多，它就會成爲大腦的優先選擇（也就是變成新習慣）。

你將會在本書接下來的內容裡了解並練習不同的覺察方法，這樣你就可以試試哪些方法會落在你的七〇％巧克力區。

讓我們再一次提起馬兒和騎士的比喻：覺察並不會改變渴求的強烈程度，也不會增加意志力的強烈程度；它只會調整兩者之間的關係。身爲騎士的你，不是要用對抗的方式來馴服馬兒，而是要學習如何更有技巧地駕馭牠。如果覺察掌控了有害衝動的力量，它們就會合而爲一；也許兩者相反的特性，會從互相對抗轉化爲某種類似於共舞的形式。

第三檔的定義

我要給你兩個第三檔的定義，第一個是廣義的，第二個則是較爲特定且持久的。然後，我會一一解釋。

廣義的定義：可以協助你跨出舊習慣迴圈的任何東西。

特定且持久的定義：內在的、更大、更好的機會，幫助你跨出舊習慣迴圈。

廣泛定義的關鍵問題在於「任何東西」這個詞。舉例來說，如果你只是想要戒掉一個壞習慣，像是吃太多蛋糕，那麼每當你快要這麼做的時候，便持鈍器把自己打昏，理論上，你會成功的。不過，那不是我們這裡要談的習慣改變。

想要達成持久的改變，你需要更爲務實、垂手可得的東西，這樣你在需要時就能使用（但不是木槌）。更重要的是，行爲伴隨的獎勵種類相當關鍵，它不僅要比舊行爲更具獎勵性（更大、更好的機會），而且不能在過程中增強舊習慣迴圈。我們先前已看過可能失敗的情況：爲了戒菸而改吃糖果，結果導致體重增加。

爲了說明這點的重要性，我將用「現在就吃」計畫的一位參加者作爲案例。她寫道：

今天有件事把我惹惱了，我的情緒十分激動。通常，我會找最大份、最甜、最美味的餐點或零食來壓制情緒上的不安……我站在一家麵包店裡，看著各式各樣的蛋糕、派、餅乾，想著可以吃些什麼而不會讓自己感到太過罪惡。我選擇在那家店裡走一圈再做決定。我看到一包新鮮黑莓，心想那會是很好的點心，甚至比糕餅還好。於是我買了那包黑莓，而不是麵包店裡的其他東西，我在餐飲區坐下，細心品嚐每顆黑莓。事後，我感到相當滿足。我沒有吃任何傳統甜點，就離開那家店了。現在我坐在這裡，對於當天稍早發生的事情仍感到有些情緒激動及惱怒。儘管招待自己吃了一些可口的新鮮黑莓，我仍有一個空洞想要填補，仍有想要緩和的不安感。我想要用什麼東西來填補？一般會是食物。但我不想吃東西。所以，在這種時候，在嚴重情緒不安的時候，當我向來用食物來解決的時候，我該怎麼辦？

這個人很清楚地說明了她的習慣迴圈：她被一件激怒情緒的事情給觸發，利用吃東西的方法來壓抑不安感。吃東西變成她用來替代情緒不安的方法。還記得戴夫嗎？他也是用吃東西的方法，讓自己分心、不去在意焦慮。分心或吃東西等替代行爲屬於更大、更好的機會，然而，它們**仍然會養成習慣迴圈**。

如果你眞心期望成爲自己心理的絕地大師，而不只是用另一種習慣來代替原本的習慣，那麼便不是任何更大、更好的機會都管用。戴夫自己想通了這點，把吃東西的替代性習慣踢到一邊去，然後繼續克服他的焦慮。

那麼，這位女士要如何填補那些痛苦的時刻？她需要可靠的東西，因此打電話給朋友或家人不算數；萬一沒有人接電話，該怎麼辦？用可愛小狗照片來取代，也會養成習慣迴圈的替代策略，雖然這凸顯出另一個我們尚未談及的因素：習慣化。

* * *

請回想你開始喝酒之前的模樣。第一杯或第二杯可能後勁很大，如果喝太多，你可能還會宿醉。你的大腦反應可能是調整乙醯膽鹼受體，以確保下次再有這種行爲時能夠應付。如果你持續定期喝酒，大腦就會調降受體的數量（習慣化），你便養成對酒精作用的耐受性，亦即你必須喝更多酒，才能得到相同作用。

同理可證，如果你用 Instagram 的小狗影片來替代舊習慣，和酒精一樣，你的大腦會開始習慣看到可愛小狗照片，而變成**習慣化**。換言之，你的大腦會說：「我看過那張了。」如同需要喝更多酒才能喝醉一樣，你需要更多更可愛的小狗照片，才能滿足你的小狗癮頭。這不算是長期解決方案，是吧？

在某些傳統文化中，這種過程被描述爲「餓鬼」。想像一隻鬼有著巨大的胃和又長又窄的喉嚨，無論他吃了多少東西，永遠都不會滿足，因爲他無法快速吃下食物來填滿肚子——他的食道太長太窄，等食物抵達胃部時都已消化，來不及填滿胃部，便往前移動了。和空虛的巨大胃部一樣，空洞的感覺很不好，你的大腦在面對空洞時便想著：「做點什麼！填滿這個！這太糟了！我要被吸進這個絕望的深淵了！」可是你無法填補空洞——

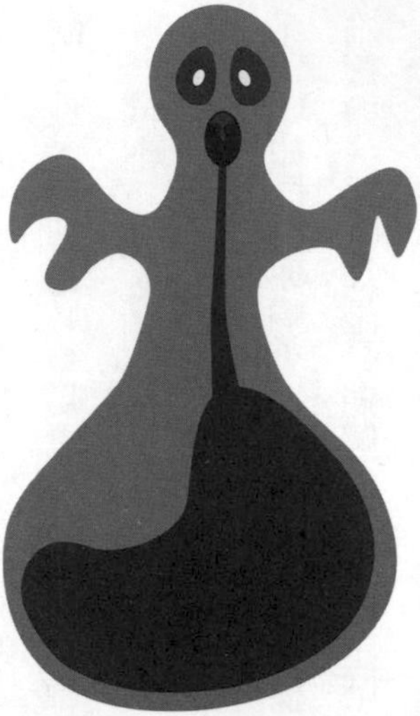

在試圖填補的時候，你只是把習慣迴圈變成永久習慣迴圈。

若你能明白這種空洞不過是由想法、情緒和身體感受所組成，你便能往後退一步，確保自己不去增強迴圈，並藉由察覺來進行第一檔、第二檔，以及現在的第三檔。察覺是這三檔重要的驅動程序。在第三檔，只需用仁慈心、好奇心去察覺那些身體感受與心理情感，便能幫助你脫離習慣性感受（例如你一定要做什麼事才能解決一個情況），轉變為觀察自己的體驗，從而靜觀問題自行減輕與消散。

好奇心可以安撫「做點什麼！」的不安、驅動的特質，因為，正如同我們先前提到的，其感受截然不同：好奇心更為開放寬廣。更棒的是，這種源自於好奇心的開放寬廣的感受，令人感覺良好。因爲好奇的察覺具有獎勵性——這種發自內在的行爲，能讓你跨出習慣迴圈，同時感覺良好，並且讓你敞開心胸去學習——它本身即是更大、更好的機會。在你有更多機會去學習與練習好奇心之後，我們再來詳加探討這會如何影響憂慮及其他習慣迴圈。

準備好練習第三檔了嗎？

首先，釐清你用以替代舊習慣的更大、更好的機會是哪一類。它們會養成習慣迴圈嗎？提示：它們是否造成不安、畏縮、暫時滿足，以及渴求更多等習慣化的各種跡象？抑或它們能協助你踏上不同的道路？

第16章

好奇心的科學

我沒有特殊天分。我只是熱切地充滿好奇。

——阿爾伯特・愛因斯坦（Albert Einstein）

二〇〇七年，紐約市做了一件很激進的事（雖然在倫敦地鐵系統，這項「創新」已行之數十年，如同在華府、多倫多和舊金山），該市大部分地鐵與火車站裝設了列車抵達的「倒數時鐘」。[57]這值得投資一千七百六十萬美元嗎？當然啦。

紐約市的地鐵規劃者為每位通勤者解決了一個問題——將好奇心與我們學習的方式連結起來的問題——好讓他們放鬆心情並通勤。

為了幫助你了解他們為何與如何這麼做，首先，我們從網路上對好奇心的定義開始：

「想要知道或學習某種事物的強烈欲望。」

好奇心是一種內在、天生和普世的能力，所有人類都具有這項能力，在我們孩童時最是自然盛開。當你發揮自己的好奇心，便能幫助你探索這個世界運行的方式，以童稚的驚奇吸引你投入。費米實驗室（Fermilab）第二任主任，也是一九八八年諾貝爾物理學得主利昂・萊德曼（Leon Lederman）曾說過：

> 兒童是天生的科學家……他們做了科學家所做的每件事。他們測試事物的強勁度，他們衡量下墜的物體，他們平衡自己，他們做了各種事情來學習周遭世界的物理，因此，他們皆爲完美的科學家。他們問問題，他們用爲什麼、爲什麼、爲什麼把父母逼瘋。[58]

然而，並不是所有的好奇心都生而平等，而且，好奇心也不是一直被視爲好事情。

你可以說好奇心害亞當與夏娃被趕出伊甸園。在十七世紀，哲學家湯瑪斯・霍布斯（Thomas Hobbes）形容好奇心是「心理的欲望」，同一個世紀的布萊茲・巴斯卡（Blaise Pascal）則說好奇心「不過是虛榮」。

然而，從神經生物學的觀點去了解好奇心如何運作，是喚醒我們的童稚驚奇及利用其潛力的第一步。

好奇心有兩種風味：愉快與不愉快

二〇〇六年，心理學家喬丹·利特曼（Jordan Litman）和保羅·席維亞（Paul Silvia）列舉了好奇心的兩種主要「風味」，他們稱爲I好奇心與D好奇心。[59] I好奇心的I代表興趣（interest），即求知慾的愉悅層面，而D好奇心的D代表匱乏（deprivation），意思是當我們面對資訊缺口，便會陷入不安、不愉快、必須知道的狀態。

換言之，好奇心會驅動我們去追求資訊——可能引起愉悅的狀態，也可能造成嫌惡的狀態。

匱乏好奇心，封閉、不安、必須知道型：一定要搔到的癢處

匱乏好奇心源自於缺乏資訊，通常是一則特定的訊息。例如，當你看到一幀電影明星或名人的照片，卻想不起來他們的名字，或許你絞盡腦汁要想起他們是誰（「喔，她有

演那部浪漫喜劇……她演了……呃，她叫什麼名字來著？」）；努力要想起來，可能會讓你陷入一點點的畏縮狀態，彷彿你努力要從腦袋裡擠出那個答案。假如擠不出來，你會上網搜尋那個人演過的電影，以找出答案；等你看到名字，便感到安心了，因爲你不再資訊匱乏。這會延伸到簡訊與社群媒體。如果你在開會或外出用餐，感覺到或聽見手機傳來簡訊，你可能會注意到自己忽然很難專心，因爲不知道簡訊內容，會讓你很不安，就像是你的手機在包包或口袋裡燒出一個洞似的。直到你查看手機，看見是誰傳來簡訊，或者讀到訊息內容，才能熄滅那把不確定的火。

再舉另一個例子。想想被困在車陣裡，卻不知道塞車要塞多久，是什麼樣的感受。等你看了谷歌地圖或位智（Waze）導航應用程式，知道可能會遲到多久，你便覺得好多了。你必須等候的時間絲毫沒有改變，但你的焦慮獲得緩解了，只因爲你知道塞車可能會塞多久。你已塡補了那個資訊缺口，因而降低了不確定性。減少「不知道」的壓力，正是紐約市爲何會在地鐵系統裝設數位看版，好告訴人們等候下一班列車的確切時間。乘客們寧願知道下一班車還要等十五分鐘，也不願不知道列車再兩分鐘就會抵達了。

負面狀態獲得緩解，癢處搔到了，就是一種獎勵性。這正是電視節目爲什麼要有懸念（cliffhangers）——爲了引發匱乏好奇心。我們必須知道劇情，只好追劇！

興趣好奇心：探索會帶來令人大開眼界的驚奇

當我們有興趣學習更多事物時，便激起了興趣好奇心。這通常不會是一項特定的資訊（例如電影明星的名字），而是一個廣泛的類型。舉例而言，你知道有些動物的體型，直到死亡前都會不斷變大嗎？牠們被稱為無限生長者（indeterminate grower），包括鯊魚、龍蝦，甚至袋鼠也是。事實上，有一隻龍蝦重達二十磅（約九公斤），根據其體型判斷，據信已一百四十歲。真是一隻又大又老的龍蝦！是不是很神奇？

興趣好奇心就如同一頭栽進搜尋引擎，數小時後發現自己學到許多東西，滿足了你的求知慾。學習新事物會給人良好的感受，這和塡補空缺不同，因為一開始沒有什麼缺口（也就是說，你不知道自己不了解大龍蝦，但是在了解牠們之後，你覺得有趣且開心）。不同於匱乏好奇心的重點在於目的地，興趣好奇心的重點在於旅程。

那麼，我們最初是因為什麼而產生好奇心？原來，好奇心是源自於獎勵型學習（驚奇吧！）。要記得，獎勵型學習有賴於正面與負面增強：你會想要多做一些感覺良好的事情，少做一些感覺不好的事情。在穴居人的時代，這對於幫助我們找尋食物及躲避危險是很重要的。

好奇心也是相同的道理。

好奇心與獎勵型學習有關的概念，獲得越來越多研究的支持。

馬提亞斯．葛魯伯（Mathias Gruber）與加州大學戴維斯分校的同僚進行過一項研究，請學生們檢視一份瑣細問題的清單，並評估他們對於獲知答案的好奇心程度。[60]在好奇心達到頂峰時，腦內多巴胺通路會因爲緊張感升高而大開，獎勵中心與專司記憶的海馬迴之間的連結也更爲強勁。達到頂峰的好奇心，會讓學生們準備記住更多資訊，而不只是瑣細問題的答案。

湯米．布蘭查德（Tommy Blanchard）與羅徹斯特大學、哥倫比亞大學的同僚們所進行的另一項研究，則是調查與取得資訊相關的好奇心是如何在眼眶額葉皮質編碼。[61]要記得，眼眶額葉皮質主司獎勵價值，以及指定價值給不同事物（例如花椰菜 vs 蛋糕）。事實上，在靈長類動物的研究當中，布蘭查德的團隊發現，靈長類願意放棄喝水等獎勵，以換取資訊。

總的來說，這些研究顯示，所謂的「求知若渴」眞是一點都沒錯。取得資訊，是依循與獎勵型學習相同的基本行爲途徑，甚至對大腦而言具有獎勵價值。在求生清單上，我們可以在食物與水之外，再加上資訊。舊大腦（尋找食物、躲避危險）與新大腦（取得計畫的資訊、預測未來）合作，幫助我們達到今日的繁榮。不過，說到好奇心，會有所謂的資訊過多嗎？

不同風味，不同獎勵，不同結果

每一種好奇心「風味」有著不同的「味道」。就我們的身體感受而言，好奇心可以分爲不同類型：匱乏好奇心令人感覺封閉，興趣好奇心令人感覺開放。那麼，驅使這些行爲的獎勵結構是什麼？以匱乏好奇心來說，「得到答案」便是獎勵，而對興趣好奇心來說，「好奇的過程」令人感覺良好。

這點很重要，理由有二：第一，在興趣好奇心之下，你不需要外在東西便可獲取獎勵——好奇心本身即可由內在產生獎勵性；第二，基於其天生特質，好奇心不會被耗盡。除了能成爲取之不盡的資源之外，相較於匱乏好奇心粗糙、封閉的發癢感，興趣好奇心的感覺更好（亦即更具獎勵性）。

那麼，該如何利用這項知識來優化好奇心所驅使的學習？首先，把好奇心與知識畫成倒轉的U字型。想像好奇心代表縱軸，而知識代表橫軸。如果你對於某件事物所知不多，你的好奇心便很低。隨著你開始取得知識，你的好奇心升高，終究達到高水平。隨著你增加更多知識，你的好奇心降低了，因爲資訊缺口已被填補。

換句話說，關於資訊，好奇心似乎依循金髮姑娘（Goldilocks）法則。不確定性太少的話，無法激發好奇心（匱乏型）；不確定性太多，則會引發焦慮。想要找到好奇心的甜蜜點（sweet spot），你需要保持在倒U型曲線的頂端，並且擁有正好足夠的資訊，以維持好奇心。

發揮好奇心以改變習慣及學習

大多數人以匱乏好奇心來看待自己與這個世界，就像是一道待解的題目。但是，我們實際上位於一個完美位置，可以藉由輪流發揮匱乏好奇心及興趣好奇

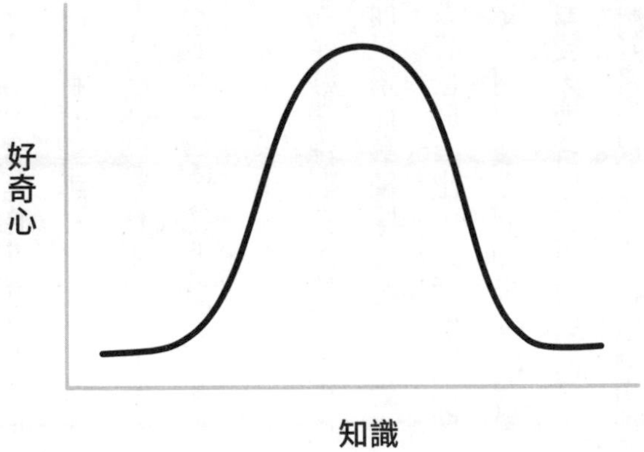

心，來建立並維持好奇心。而且，你可以利用交互發揮這兩種好奇心，以打破舊習慣與建立新習慣。本書至此，你已經對心理與大腦的運作有所了解，例如我們經由辨認獎勵而形成習慣。這可以幫助你在倒U型好奇心曲線中上升，因爲你越來越有興趣知道如何訓練大腦執行你的命令，而不是淪爲你的欲望與習慣的奴僕。是的，這又回到杜維克的成長心態，亦即保持開放的心胸、有興趣在體驗中學習，而不是一遇到「失敗」徵兆就封閉起來（在倒U型曲線中滑落到缺乏興趣或感到挫折）。

希望此時你已有足夠的概念相關資訊，能讓你進入甜蜜點，好讓你對自己的體驗更爲好奇。這將讓你不再企圖以思考方式脫離焦慮與改變行爲，而是讓你鍛鍊好奇心的力量，利用它作爲自我驅動的內在資源（因爲它具有獎勵性）。你或許已經看出，這能使你停留在倒U型曲線的頂端——越來越好奇「焦慮」的感受、焦慮是如何引發憂慮和拖延的習慣迴圈——而不是假設你已完全了解焦慮、那種感受永遠不會改變，或者你必須找到萬靈丹或絕招來治癒自己。這也將幫助你面對任何習慣，並且越來越好奇自己在陷入習慣迴圈時能學習到什麼。

如愛因斯坦所說：「好奇心有其存在的理由。當人在思索永恆、生命的奧祕，以及現實的驚人結構時，我們不由得心生敬畏。我們只要每天了解一丁點這種奧祕，便已足夠。

絕對不要喪失神聖的好奇心。」62

好奇心：我們內在的超能力

在所有的人類能力之中，好奇心名列我認為最重要名單的榜首。從幫助我們學習生存，到帶來探索與驚奇的樂趣，好奇心眞的是一項超能力。

二〇一九年秋天，我帶領美國奧運女子水球隊進行七天的無言冥想修行。這群女性很了不起，她們連續在兩屆奧運中奪得金牌。當她們抵達修行中心時，才剛拿到世界錦標賽冠軍與泛美運動會的一面金牌。她們名符其實是水球運動的全球頂尖隊伍，而我還能教她們什麼有關一流運動員的事呢？

我和好友蘿蘋·波戴特（Robin Boudette）博士共同主持這項在科羅拉多山上的修行，我們時常一起主持週末研討會與修行。修行三天後，我們帶著隊伍去登山，俯瞰底下山谷令人嘆為觀止的景色。此時，我決定投擲好奇心炸彈。這個星期以來，蘿蘋和我一直強調對冥想、飲食等各種事物抱持好奇的態度是多麼重要，但我們保留了啟動好奇心的方法，直到時機成熟。正是此時。

數到三的時候，蘿蘋和我同時打破沉默，發出一聲大聲的「**嗯——**」（這是人們對事物感到好奇時自然發出的聲音，而不是傳統的咒語「嗡——」）。我們讓她們跟著一起做，大家發出「嗯——」的聲音迴盪在世界屋頂。這項舉動讓我們放空腦袋，進入感到好奇的直接體驗。

在那一週接下來的時間，水球隊伍如魚得水般進行這項好奇心練習。當她們在冥想練習感到挫折或卡住時，「嗯——」的聲音可以幫助她們探索自己體內與心裡的感受，而不是企圖矯正或改變它。在她們陷入憂慮或自我批判的習慣迴圈時，「嗯——」可以幫她們換檔到第三檔，進而跨出迴圈。她們不再心理失控或增強習慣性自我批判，而是發現「嗯——」可以幫助她們後退一步，看清習慣迴圈的組成元素：想法與情緒。

好奇心亦幫助她們保持以非批評方式看待自身的所有體驗。結果證實，這比她們（習慣性）使用的任何力量或意志力都來得更加有力，同時以玩樂、甚至快樂的態度進行冥想修行。（當你一整天都在發出「嗯——」的聲音時，你很難嚴肅起來。）

這些年來，我發現無論語言、文化或背景，都可以用這項簡單工具來幫助人們直接進入自身的體驗——利用好奇的天生能力。它也能避免想要填補資訊缺口的「腦袋陷阱」，而是讓人們直接進入開放、投入與好奇的甜蜜點。

好奇心（興趣型，而不是匱乏型）完美地適合各種第三檔情況：它是內在的（因此隨時都可取得）更大、更好的機會行為，以持久方式幫助我們跨出舊習慣迴圈。

以下是好奇心如何提供幫助的案例，來自於「鬆綁焦慮」計畫的一位患者：

剛開始進行這項計畫時，我不太相信好奇心的益處。現在，當我感到一陣恐慌時，我不再立即害怕或恐懼，我的自動反應是「嗯，這很有趣」，然後立刻就雲淡風輕了！我不只是說說而已，而是真正感到有趣。

有時人們會問我：「萬一我**不好奇**呢？」我的回答是：「唸出咒語，立即進入你的體驗。**嗯**——不好奇是什麼樣的感受呢？」這能幫助我們脫離思考與修正的心態，從而好奇地察覺身體的直接感受與情緒，離開我們思考的頭腦，進入我們感受的身體。

如何練習好奇心

以下將詳細說明我在「鬆綁焦慮」手機應用程式的第一天教大家做的好奇心練習，這項練習就像是焦慮發作時的「恐慌按鈕」，只需兩分鐘即可。

首先，找一個安靜舒適的地方。你可以坐下、躺著，甚或站立，只要能夠專心、不受打擾就好。

回想你最近一次發生習慣迴圈的「事件」，看看你能否回想起那個場景，並立即切換到回顧式第二檔：專注於行為本身。

看看你能否回想起那種體驗，專注在你即將做出習慣行為的那個時刻，你有何感受。那股想要「去做」的衝動是什麼樣的感覺？

現在，檢查你的身體。

你現在最爲強烈的感受是什麼？以下是選項清單。**只能挑選一項**，你感受最強烈的一項：

- □ 緊繃
- □ 壓力
- □ 畏縮
- □ 躁動不安

□呼吸淺短
□灼燒
□緊張
□握緊拳頭、咬緊牙關
□發熱
□胸口難受
□嗡嗡作響／震動

那種感受比較多是在身體右側或左側？在身體前面、中間或後面？你感受最強烈的地方是哪裡？

現在，釋放出你內部「嗯——」的聲音，「嗯——」是在右側或左側？在身體中間、前面或後面？

不必擔心你挑選了何種部位，都沒有關係。

你對身體部位的感受感到好奇時，有讓你注意到任何事嗎？一點點的好奇心有沒有幫助你更加接近這種感受？

如果這種感受依然存在，看看你能否發揮好奇心，注意是否還有其他東西。你有感覺到其他感受嗎？當你對它們感到好奇時，有發生什麼情況嗎？它們改變了嗎？當你對這些感受眞正感到好奇時，有什麼情況？追蹤這些感受大約三十秒鐘，不要嘗試對那些感受做任何事。當你用好奇的態度去觀察時，那些感受有任何改變嗎？

這是參加「鬆綁焦慮」計畫的一名人士所寫的：

> 壓力測試眞是了不起！確實感受壓力積壓在體內的什麼地方，接著「鑽進」實際的感受，完全改變了我的體驗。在面對壓力與不安的過程中，我發現身體感受會轉變爲熱切與趣的來源，而不再有我施加的負面「混亂」。好奇心戰勝焦慮！我聽過這句話很多遍了，可是，確實由內心感受到，使得這句話升高到完全不同的層級。我可以看到這是如何運作的，而這讓我感覺自己做得到。

這項簡短的練習只是要讓你品嚐一下好奇心——支援你天生便有的注意、甚或好奇自己身體與心理狀態的能力，而不是掉入習慣迴圈。如果你注意到，藉由好奇，即便只是比以往多出微秒，去了解自己的想法、情感與身體感受，你就已往前跨出一大步。

那就是第三檔：跨出舊習慣迴圈，進入當下時刻的過程。當你把「嗯——」當成咒語，便會召喚出童稚的好奇，尤其是如果你已經很久沒有用它了。「嗯——」會幫助你進入你的直接體驗，而不是困在腦中、試圖對那些討厭的習慣迴圈做些什麼或修理你自己。

每當浮現出想要做一種習慣行爲的衝動，甚至是正在做那種行爲的當下，看看你能否練習轉換到第三檔。你甚至也能試著在第二檔採取好奇的態度，問自己：「我做這個，得到了什麼？」讓自己開放心胸、接受體驗，然後進入成長心態（審視與學習）。

第17章 呼吸練習——戴夫的故事，第三回

以下是戴夫如何將好奇心最大化，以克服他的恐懼及焦慮的過程。

在某一次的診所面談中，戴夫告訴我，小時候他的父親會用肢體暴力來虐待他。他就只是坐在那裡做自己的事情，毫無任何徵兆，他的父親會突然揍他，而且沒有明顯的理由（也沒有任何理由可以揍自己的兒子），彷彿戴夫只是他父親的一個方便的沙包。戴夫發現，因爲父親的虐待，從童年開始，他的大腦隨時都處於警戒狀態——隨時都在注意危險。他的大腦從來沒有辦法確認什麼樣的環境是安全的、什麼樣的環境是眞正危險的，因爲他的父親會隨機打他巴掌，而不是有規律的（還記得第三章提過的間歇性增強的概念嗎？那不僅限於讓人對吃角子老虎機或社群媒體上癮）。戴夫的大腦無法用獎勵學習機制來評價行爲是安全或危險的，所以只好推論沒有任何一件事是安全的（因爲這樣做會比較安全）。他隨時保持高度警戒與焦慮的狀態，已經超過三十年了。

這讓戴夫頓悟了。他發現，他的高度警戒模式是一種已經被他視爲**自我認同**的習慣。爲了與之對抗，我給了戴夫一個很簡單的練習。我告訴他，當他覺得自己進入高度警戒時，就花點時間對現在的感受產生好奇心，看看這裡是否眞的有危險。我請他現在就試試看，並告訴我有什麼體驗。當他體驗過後，他說：「哇，在我要尋找那些感覺的時候，它們就消失了。」

「現在這裡有危險嗎？」我問。

「沒有危險……很平靜。」戴夫說。

高度警戒的習慣，其實就是與危險相關的感受。在沒有危險的情況下，只要單純地對那些感受產生好奇心，戴夫就會發現那些感受不僅不準確（明明沒有危險，卻傳出危險訊號），還會自行消散。

我請他回家去練習。他只需要一點時間並重複練習，就能讓大腦的舊記憶系統從「不安全」更新爲「安全」。很重要的是，我並沒有試著說服他說他是安全的，也沒有要求他這樣說服自己，而是訓練他給予大腦更正確的資訊。

過了一陣子，戴夫學會了不需要隨時焦慮。諷刺的是，當他正在享受平靜時，這種感覺是奇怪且陌生的，而他的大腦就會表示贊同，開始思考是不是有什麼不對勁（帶著舊習慣的有色眼鏡看待）、他到底**該不該**開始焦慮。

戴夫表現出很經典的「草原行爲」。要記得，我們的大腦演化出「安全第一」的生活方式。如果我們正在探索草原上一個全新的區域，就必須注意危險；只有在我們確認了這個區域很多次、眞的沒有找到任何危險的徵兆後，才能感到放鬆。這就是現代的「舒適區」概念：當我們待在一個安全又熟悉的地方，就會感到舒適。這可能是一個讓我們感覺安全的實際地點（例如家裡）、一個我們很擅長的活動（例如最喜歡的運動或樂器），甚至可能是一個心理的空間（例如我最喜歡在改變習慣的研討會上教課，數學就沒那麼喜歡了）。

當我們踏出舒適區，生存大腦就會開始警告我們，說我們正在前往未知的區域，那裡可能會有危險。如果我們只把世界區分爲安全和不安全，那麼唯一的選項就只有舒適或危險——我們要不就待在舒適區裡，要不就處於危險區（我有許多患者會稱之爲恐慌區，因爲感覺實在太難受了，導致他們開始恐慌）。戴夫就是這樣形容的：不焦慮的狀態會讓他感到焦慮，因爲他不熟悉這個感覺。換句話說，即使這個全新的區域是一座平靜的花園，但處於一個全新的心理區域，還是會讓他感到難受，以致觸發生存大腦開始尋找危險。誰知道呢？平靜可能會是危險的，也說不定。

然而，其實還有另一個選項。讓我們再度回到卡蘿·杜維克的定型心態及成長心態，我們可以在舒適區及危險區中間多加一個區域：**成長區**。舒適區以外的世界並非永遠都是危險的，我們只需要去確認看看是否危險。在探索新的概念、不熟悉的地方或是剛認識的人時，我們可以帶著恐懼去接觸新的區域，**也可以抱持著好奇的態度**。我們越好奇，就會對「從探索中學習及成長」抱持著越開放的態度，而不是封閉起來，或者一遭遇不舒服的徵兆就馬上躲回安全的地方。我們必須把這句話記在心裡：「改變

也許會很可怕，但它不一定要是可怕的。」我們越是學習接受「不一樣」所帶來的不舒適，並理解到我們會緊張，只不過是因爲有些事物對我們來說是全新的，就會在成長區裡感到越自在，畢竟我們就是這樣學習及成長的。此外，當我們在成長區感到越舒適，這個區域就會變得越大。

我和戴夫用朋友的比喻來討論這件事。有時候，老朋友可能讓人覺得安心，因爲感到熟悉，但其實現在跟他們相處並不一定是件好事（例如某個總是嘲笑你的兒時玩伴）。戴夫也有注意到這件事，他發現，因爲有熟悉感，所以焦慮對他來說反而是舒適的，但他現在已經成長了。當戴夫漸漸擺脫舊的焦慮習慣迴圈，便開始學習在成長區生活，並且對於輕鬆、平靜，甚至是歡樂的感覺，感到更加熟悉、舒適。他認識了一些新朋友，是可能會陪伴他一生的朋友。

我在這整本書中都在強調好奇心。我說過，好奇心是一種超能力，可以幫助我們用簡單的好奇心注意「行爲」，來取代舊的習慣。遭遇不愉快的事物（尤其是焦慮和恐慌）時，我們通常會想要逃跑，然後就會養成習慣，但是，有了好奇心之後，我們就能學習面對，或者甚至主動靠近那些讓人不愉快的事物。在我們學習探索身體及心靈的感受，發現其本質就是單純的想法與感受、會出現也會消失後，好奇心就能幫助我們從舊習慣迴圈當中掙脫出來（擔憂讓人感到十分舒適，不是嗎？）。

好奇心跟意志力或決心是不一樣的，決心需要花費大量心力，這會使我們筋疲力盡，讓我們進入最糟的狀態（感到疲勞、挫敗）。簡單來說，需要努力就是需要努力。當我去騎越野登山車時，意志力能幫助我在低速檔之下努力爬上山頂，但是，當我必須有技巧地下山，或是經過充滿岩石及樹根的崎嶇路段時，努力根本沒有意義。如果我就只是把前輪對準岩石、試圖光靠力量跨越它們，最終只會摔倒而已。

然而，好奇心就不一樣了。如果你對某件事感到好奇，你完全不需花費任何心力就會陷入其中，因爲它感覺很好、很有獎勵價值。你對自己的體驗感到越好奇、抱持著越開放的心態，就能保留越多心力來探索。騎越野登山車時，好奇心很有用——我並不是盲目地騎進困難的區域，而是調查所有不同的路線，充滿創意地找到路線巧妙通過。

至於心理上的障礙、困難、習慣，你有許多土地可以去探索，尤其是當你在認識自己內心豐富且無限令人著迷的土地時。因此，不要讓自己筋疲力盡，或是試圖強迫自己前進。讓好奇心自然地推動你向前，讓你培養在未來迎接新挑戰的能力，並將力量留給需要的時候。

此外，好奇心會自然地讓你從定型心態移動到成長心態。當你對自己的體驗擁有越多的好奇心、抱持著越開放的心態，就能保留越多心力去探索。好奇心的作用是幫助你學習，而你只能透過實際行動來做到這件事。

經過數個月的療程，戴夫發現了好奇心的力量。他寫了電子郵件給我：

我認爲人們必須明白，我從一個連下床都不敢的人，變成一個開遍羅德島州的優步司機。三週前，我連開車載我女朋友去機場都不敢；昨天，我在機場讓一個人下車，完全不焦慮。現在我完全可以不假思索地去買東西，但兩個月前我連走進超市都不敢。我以很健康的方式進步了許多。我沒有對藥物成癮或者依賴藥物過生活。我是在改變我的觀點，並成爲一個更快樂的人。

這並不是在說戴夫的焦慮如同魔法一般地消失了。他善用好奇心，並在焦慮出現時，用好奇心來取代第一反應，使其成爲一種更大、更好的機會，而不是被焦慮操控；藉此，戴夫終於坐回駕駛座，按照自己的意思探索人生。

深呼吸

對於很多事情，大人通常都很在意別人的眼光，包含在公共場合（或甚至在心裡）說「嗯——」，即使只是小聲說，或看起來只是隨口說說。但這不代表你不能在那些你比較不在意他人眼光的地方練習好奇心，比如淋浴的時候，在水的沖洗之下，沒人能聽見你「嗯——」的聲音（「嗯——這個肥皂的味道聞起來如何？」）。如果你有孩子，你可以直接觀察到「第一手」的好奇心，只要看著三歲小孩，然後加入他。但我還是會教你一個隨時隨地都能使用的第三檔技巧，幫助你擺脫舊的習慣迴圈。這是一種不明顯、不會引起不安全感的練習，你可以在旁邊有人的時候做，甚至是工作的時候。

呼吸練習

第三檔的目的，是找到一個可以輕鬆獲得的更大、更好的機會，幫助你擺脫舊的習慣迴圈，但**不要養成習慣迴圈**。

在醫院裡，如果有患者需要急救，醫護人員會從ABC開始。ABC代表呼吸道

（airway）、呼吸（breathing）、循環（circulation）。我們會從呼吸道（A）開始，因爲如果患者的呼吸道被堵塞了，要怎麼呼吸？然後我們就會進入呼吸（B），如果有呼吸，代表患者很有可能是活著的，那麼醫護人員就會停下來，避免繼續急救所帶來的後續傷害。

如果你工作時正在開會，在場的每一個人很有可能都在呼吸。因爲大家都在呼吸，所以如果你注意到你好像快要進入習慣迴圈（例如打斷別人，或針對別人的回饋爲自己辯解），你就可以躲在正常的樣貌背後，花點時間注意自己的呼吸，擺脫舊習慣這頭野獸。你看，其實你的呼吸就是很棒的第三檔，是更大、更好的機會：

一、你隨時都可以呼吸。

二、注意自己的呼吸可以幫助你擺脫舊的習慣迴圈。

三、呼吸本身並不會形成一個習慣迴圈。

有許多教學，甚至是整本書都在教你如何注意自己的呼吸，來幫助自己「錨定」在當下，你可以去讀看看。德寶法師（Bhante Henepola Gunaratana）的《平靜的第一堂課：觀呼吸》（*Mindfulness in Plain English*）是我最喜歡的書之一。

我會提供一個簡短版，讓你在會議時使用。

坐著，你很有可能已經是坐著的了，或者用舒適的姿勢站立（如果是站著開會的話）。不要把眼睛閉上，否則大家會以爲你在打瞌睡。問自己：「我怎麼知道我正在呼吸？」保持好奇心，看看身體的感受是從哪裡產生的（可以發出無聲的「嗯——」）。你可能會注意到腹部凸出、凹陷的感受，如果你有點緊張、呼吸較淺，也可能注意到胸口在動（如果你注意到自己是透過鼻子在呼吸，那麼你就已經領先了，因爲這很不明顯）。

當你注意到呼吸時的身體感受，就能繼續把注意力放在呼吸上。如果開始感到無聊或覺得有困難，就放大你的好奇心，注意身體呼吸循環時自然的過程，例如吸氣與吐氣是何時停止、重新開啟其過程的，或者吸氣和吐氣之間身體停止了多久。相信我，觀察自己的呼吸真的很有趣！

若要在焦慮、衝動或其他習慣迴圈出現時應用這項呼吸練習，可以嘗試下列這個改編版本。

用你的好奇心來查看，想要糾正同事發言的焦慮感受或衝動，在身體裡的何處最爲強烈。現在慢慢透過鼻子呼吸，將氣送往那個部位（不要管這在解剖學上是否正確，只要照著感覺做）。讓氣進入焦慮或衝動的感覺，停留幾秒再吐氣。如果這對你來說不會很怪力亂神，那麼當你吐氣的時候，那種感覺會一點一點地被排出。如果你對怪力亂神的東西沒興趣，那就看看在呼吸循環過後，衝動的感覺有沒有改變。然後再重複一次。慢慢深吸一口氣，想像善良、好奇的氣進入你的焦慮。讓你的氣用好奇心及善良的溫暖毯子將焦慮的感覺包裹住，停留幾秒，再吐出去，讓它離開。然後重複一次。慢慢深吸一口氣，想像善良、好奇的氣進入你的焦慮。讓你的氣用好奇心及善良的溫暖毯子將焦慮的感覺包裹住，停留幾秒，再吐出去，讓它離開。看看那種感覺有沒有隨著吐氣減少一些。

你可以只重複做幾個呼吸，做一兩分鐘，或者做到老闆因爲你看起來太過平靜自在，而開始懷疑你爲止。

以下是一位「鬆綁焦慮」計畫前導測試者的眞實案例，示範如何有效率地使用注意呼吸的方法。這是他在工作時的體驗：

> 我在開會時發現自己很焦慮，因爲要提出某個艱難的問題。我發現自己的呼吸變得有點淺，所以就對這件事感到好奇，我注意到「我很好奇爲什麼會這樣」，接著是「喔，是因爲焦慮」——然後我就克服了它，它消失了！第三檔眞厲害！

（這個例子其實是將呼吸、好奇心，以及之後會說明的觀照練習混合在一起，但你了解我要表達什麼。）

以下是另一個例子：

今天開會時，我得到某些負面的意見，這讓我很意外。實際感受到一陣熱潮湧上我的臉頰、感受到壓力反應的出現，然後再從中跳脫出來，是一件很有趣的事。我可以保持安靜更久、聽得更認眞，並清楚注意到會議裡其他人的壓力反應。下一步是達到我可以在當下就清晰地思考，並說出條理分明的回應的冷靜程度！

要注意，好奇心不是某種超能力，並不會像魔法一般給予你洞察力，或是讓你當場就能對同事說出條理清晰的回應。它只是單純幫助你跳脫出去，不會被困在習慣迴圈裡。

呼吸是一個很方便的東西，當你注意到自己開始從焦慮習慣迴圈的懸崖上往下滑的時候，可以將它當作樹根，緊緊抓牢。哪一個感覺比較好？是困在你不斷嘗試要改變的習慣迴圈裡（並且一直責怪自己），還是從中跳脫出去？

你可能也會不明白，爲什麼注意自己的呼吸不算是轉移注意力。這是因爲注意自己的呼吸，會幫助你以一種具體的方式專注於當下。換句話說，你是停留在當下的直接體驗裡，而不是試圖跳脫出自我來逃避。

因此，如果你還沒嘗試過的話，看看能否不自覺地培養好奇心的肌肉，再試著加上一點點的呼吸注意練習。兩者都是很棒的第三檔練習，能幫助你擺脫舊的習慣迴圈，養成新的、更有獎勵價值的習慣。

第18章

下雨天有什麼好的？

在網路和其他殺時間的武器發明出來以前，下雨天待在家通常表示你要發揮想像力、找點什麼來玩。以我來說，通常都是找到某個玩具，以科學的名義來破壞它。打著「我們來研究它運作的方式」的口號，我會用鐵鎚、螺絲起子或任何需要的工具來拆解某個玩具，看看它是如何運作的。

某天我在樓上自己的房間內，遇到一個特別難拆解的玩具，而我很愚笨地認為，需要使用一把刀子才能解決它。身為童子軍，我學習了正確的刀具使用方式，也被允許擁有一兩把刀子（有時可以帶在身上）。不幸的是，在拆解的時候，我推得太大力，導致刀子滑掉了，在我的大拇指正中間留下一道很深的切口。也許是未來要成為醫師的我擁有某種第六感，直覺要遵守基礎生活照護知識——「先打一一九」，在手機發明之前，這代表我得跑下樓去找媽媽。在我跑下去前，我匆忙地用手上僅有的材料——另一隻手的食指及大拇指，弄了一個「止血帶」出來。我成功跑到她那裡，腦袋裡還有足夠的血液沒讓我昏倒，因爲我記得身爲一個完全不懂解剖學或醫學的兒童，我很認眞地大喊著：「我一定是切到動脈了！」（說句公道話，那道傷痕**真的很深**，我現在都還能看到它，幾乎完美地將我左手大拇指的指紋切成兩半。）我媽比我年長、有智慧，她很冷靜地向我保證，我沒有切到動脈，然後幫我包紮起來。

到底發生了什麼事？我太專注於拆解那個玩具，導致我沒有注意到我是怎麼做的。

觸發點：對於無法成功拆解玩具感到挫折
行爲：無視正確的刀具使用守則，抓住尖銳的物體大力推壓
結果：切到大拇指

我想要清楚解釋這個習慣迴圈——我並不是習慣切我的大拇指，而是我確實有一個非常根深蒂固的習慣，就是我很想要把某一件事做完，而我不願意慢下來、深呼吸、找出做這件事所需的正確工具，無論是家裡某顆鬆掉的螺絲或是新買的需要組裝的物品。

觸發點：因爲不想停止做手上的事情、去找正確的工具來完成工作而感到挫折
行爲：一直試圖用叉子的末端來扭緊廚房櫃子上鬆掉的螺絲
結果：導致螺絲滑牙，現在必須拆掉並換上新的螺絲

我長大成人之後過了很久，才發現我有這個習慣。當我看清楚自己因爲隨便找一個手邊的工具來使用，而破壞了多少螺絲釘和螺帽（第二檔），以及如果我花個三十秒走到車庫拿出正確的工具，就可以多快、多簡單地完成這項工作（第三檔）後，我就擺脫了這個習慣。

當我們陷入習慣迴圈時，規則就消失不見了。你之前有沒有試圖使用規則來改變習慣？例如「不可以吃糖」、「隨時都要保持友善」、「只有在克里夫蘭布朗隊贏得超級盃冠軍時才能喝一杯酒精飲料」？有效嗎？整整三天沒有吃下任何糖分，你發現自己嚴重缺乏糖分，在走到酒櫃的過程中對所有人都非常暴躁，知道自己做出那個克里夫蘭布朗隊約定的當下是喝醉的狀態，所以這個約定不算數。

問題是，規則就是用來打破的，尤其是認爲規則很「愚蠢」的小孩子。爲什麼？因爲小孩還沒有從經驗中學到教訓。前額葉皮質會告訴邊緣系統（limbic system）說刀子是危

險的，但邊緣系統不會對道理產生反應，它必須**感受到傷口的痛**，才會學到教訓。這就是我親身體驗到的，未來別人再也不用提醒我使用刀子時要非常小心了。因爲那道命中注定的割傷，我學到了教訓，從此以後我都有遵守常識規則，使用刀子時非常小心。

＊＊＊

陷入習慣迴圈、沒有好好注意，會導致恐慌（我割到自己的大拇指、看見血，所以一定非常嚴重）與妄下定論（一定是切到動脈了）的糟糕組合。以下是另一個故事，顯示出仔細注意有多麼重要，以及在與血液有關的事情上該如何讓自己保持冷靜。

我就讀醫學院第三年的時候，對於自己可以實際待在醫院裡照顧病患，感到非常興奮。某天晚上，病房很平靜、沒發生什麼事，於是主治醫師（我們的團隊領導者）讓所有醫學院學生和住院醫師聚在一起，進行一個增進團隊感情的「機會教育」。機會教育通常是實作某些與手套和糞便相關的程序，或者是生命禮儀，所以我已經準備好接下來會發生什麼事了。

然而，讓我驚訝的是，教授沒有讓我們去做某些鍛鍊性格的事，而是跟我們講述，他年輕時身爲住院醫師操之過急所發生的一個故事。開始講述之前，他要我們記住這句話：「如果有人死了，記得先量你自己的脈搏。」

在還是年輕的住院醫師時，他在加護病房裡做著自己的事，這時他聽到有一位患者的生理監視器所發出的聲音，從正常的嗶、嗶、嗶（患者還活著，一切正常），變成了嗶——（患者可能死了）。他趕緊飛奔而去，在幾毫秒之內用拳頭捶打了患者的胸口，做出或許能夠拯救性命的胸前重擊（胸前重擊這個專業術語，指的是大力捶一下患者的胸口，雖然很違反直覺，但也許能讓停止的心臟恢復跳動）。

令他驚訝的是，患者對他說：「嘿，你爲什麼要這樣做？」事後檢討這一系列事件，他非常尷尬地發現，生理監視器只不過是在患者睡著時滑落了……從病房外面看進來，如果沒有確認生命跡象，很容易就會誤以爲睡著的患者是死亡了。

接著他繼續解釋，（一）他把注意力放在患者以外的事情上，（二）他嚇得要死，結果就是（三）他妄下結論，忘記要檢查生命跡象，因此（四）他採取了錯誤的行動，差一點傷害到可憐的患者。

如果他先量一量自己的脈搏，可能就會環顧四周，發現患者還有脈搏，只不過是生理監視器滑落了。當壓力消失或是前額葉皮質上線之後，他大可判斷出自己應該安靜、輕柔地將生理監視器固定回去，也很可能不用吵醒患者。

幸運的是，那次唯一受傷的就只有教授的自尊。

＊＊＊

試著打破舊習慣，通常會耗費許多時間與心力；事實上，我們可能非常願意花費一切努力來做到這件事。這種不計一切代價的方式，可能會付出很高的成本，例如在蠻力沒有用的時候，挫折和壓力就增加了。如果你就是這樣的話，找尋方法幫助自己集中注意力，並掌控壓力所帶來的衝動浪潮，而不是被吸進挫折的習慣迴圈當中，將能讓你的前額葉皮質保持運作，這樣你就不會讓事情變得更糟了。好奇心是一種很棒的態度，用第三檔的練習來培養好奇心，在教授所面對的那種情況之下就會很有幫助。注意自己的呼吸、觀察幾個循環，是另一種讓前額葉皮質保持運作的方式，這樣就能在幾毫秒內做出等同於量脈搏的舉動，避免造成後續的傷害。以下是另一個第三檔練習，針對衝動或渴求等煩人的情況特別有效，更不用說是完全爆發的恐慌發作了。

RAIN練習

渴求和焦慮會偷偷接近你，然後在你發現之前，你就已經完全陷進一個又一個習慣迴圈裡；但是，你不必甘於做那些習慣迴圈的奴隸。你越是注意到衝動和渴求都只是身體的感受，就越能學著擺脫它們。

以下的練習可以幫助你專注於當下，如此一來，當焦慮的習慣迴圈出現時，你就不會嚇到發瘋了。這是一位美國的冥想導師蜜雪爾·麥克當納（Michele McDonald）在數十年前創造的方法，我根據緬甸禪修導師馬哈希尊者（Mahasi Sayadaw）所推廣的觀照（noting）練習稍微改編了一下：

認知／放鬆（Recognize / Relax）正在出現的東西（例如渴求）。

接受／允許（Accept / Allow）它的存在。

調查（Investigate）身體的感受、情緒、想法。

注意（Note）每一刻發生的事。

觀照的部分，有點類似於物理學領域的觀察者效應（observer effect），也就是觀察的這個行爲本身，就會對被觀察者產生影響。換句話說，當我們透過觀察而注意到（並記錄）身體裡造成渴求的那些感受，就已經是在減少它們了。我會在後續章節裡單獨提供關於觀照的說明，作爲一個獨立的練習。

以下是基礎的RAIN練習：

首先，**認知**到壓力正在出現，並**放輕鬆**。

不要咬緊牙關，接受它的衝擊！就隨它去，感受它，反正你無論如何也不能控制它。你甚至可以微笑，眞的。

允許並**接受**它。不要嘗試抗拒或忽視它。

不要讓自己分心或嘗試去做什麼。這就是你的體驗。它來了。

爲了迎接焦慮來襲，你必須仔細研究它，在它形成時**調查**它。保持好奇心，問：「現在我的身體發生什麼事了？」不要去尋找它。看看你察覺到哪些最顯著的感受。接受它的出現。

保持好奇心。這種感覺是從身體裡的哪個地方出現的？它眞正的感覺到底是什麼？

是來自胸口的某種緊繃感嗎？是來自肚子的一種燃燒感嗎？是某種侷促不安的感覺，促使你一定要去做點什麼——例如逃跑嗎？

最後，**注意**你的體驗。這能讓你保持在當下、維持好奇及專注，跟隨它的起伏。使用簡短的句子或詞彙來形容，這能幫助你遠離思考或找尋答案模式，以便停留在當下的直接體驗當中。舉例來說，你可能會注意到咬緊牙關、握緊拳頭、出現、灼燒、發熱、在感覺襲來及達到巔峰時侷促不安、顫抖、緊繃、刺激、減輕、放鬆、解脫、在平息下來之後舒展。如果有想法出現，只要注意「思考」，但不要進入分析或解決問題模式！注意自己眞實的體驗。

在它完全平息下來之前跟隨著這陣浪潮。如果你分心了，或者思緒轉移到別的地方，就回來調查。保持好奇心，問：「現在我的身體發生什麼事了？」在它完全結束之前跟隨著感覺。

你可能會發現，RAIN練習是建立在你已經學過的好奇心練習之上。調查你的感受，會幫助你保持專注、對自己每一刻的體驗都保持好奇。當你善用好奇心，將這份練習做得越來越好，你甚至可能還會覺得有點好玩（眞的！）。

以下是「鬆綁焦慮」計畫參與者的範例。首先，她寫出自己的習慣迴圈（第一檔），甚至還探索了那些結果（第二檔）：

我花了更多時間檢視我的習慣迴圈，一整天都嘗試觀察它們。我大多數都是專注於工作時的觸發點。我注意到其中一點是，在開會時，當某位主管在我發言過後說話，我就會覺得他是認爲我解釋得不夠清楚，這會觸發恐懼反應，我害怕我對企劃沒有貢獻，對於自己說的話感到不自在，而這讓我對於說更多話感到緊張。有時候我乾脆閉嘴，不說任何話。有時候，我試著說點別的來「挽救」，但是之後又感到後悔，並且對於說話感到更加不自在。

然後她進入第三檔，使用RAIN練習：

我今天使用RAIN練習，產生了很有趣的體驗。我必須參加一場會議，我知道某個我很害怕見到的人也會來這場會議。我跟他曾經是朋友，但後來他完全無視我，所以當我想到這個人、見到這個人的時候，就充滿了痛苦和負面的感覺。我可以感受到自己對這場會議感到恐懼，而我對於這種恐懼產生了好奇心。我也決定，在開會時如果知道焦慮的感覺要出現了，那我就要盡全力注意這些感受。結果非常有效！我注意到「緊繃」、「心跳加快」等。剛開始，我很擔心會很難去注意，因爲我也要一起進行討論，但因爲注意只需要一瞬間，所以一點也不難。事實上，我認爲它甚至還有幫助，因爲我爲了注意自己必須專注於討論的當下，所以就不會陷入思考的迴圈當中，或者自我批評然後受傷。因此，雖然這場會議並不輕鬆，但我還是對於自己的處理感到非常驕傲。我還可以讚賞自己的成功，這有助於我對那一天的看法。

你可以注意到，她的前額葉皮質在RAIN練習當中始終保持正常運作。她能夠專注於當下、進行討論，而不是迷失在自我批評的習慣迴圈當中。

下一次，當你注意到習慣迴圈的浪潮堆疊得越來越高時，看看能不能嘗試RAIN練習。

以下是一張卡片大小的RAIN練習，你可以影印出來，或是用手機拍照，這樣就能帶在身上，方便隨時拿出來看。

RAIN

認知到現在正在發生的事。

允許／接受它：不要反抗或試圖改變它。

調查身體的感受、情緒、想法：問「嗯——現在我的身體發生什麼事了？」

注意你的體驗裡發生了什麼。

第19章

你需要的就是愛

前陣子有一位三十歲女性被轉介到我這裡，希望我幫助她解決暴食症（binge-eating disorder, BED）問題。她非常肥胖，身體質量指數（BMI）超過四十（一般是介於十八．五至二十五之間），並且符合所有暴食症診斷標準：進食速度比一般人快很多；會不停進食，直到太撐、不舒服；即使身體沒有感到飢餓，也會大量進食；暴食之後會感到噁心、憂鬱、罪惡感。

我詢問她的過去，她敘述了自己八歲時，媽媽是如何情緒虐待她的。因為長年累積的創傷，她發現可以透過吃東西來「麻痺自己」、逃離不愉快的情緒。她來見我時，三十天內有二十天都會暴吃一整個大披薩，有時一天會吃好幾個。

我們先暫停一下，理清現在發生的事：

觸發點：不愉快的情緒

行爲：暴食

結果：麻痺自己，得到短暫的緩解

然而，無論是她或是其他人，只要負面情緒消失、前額葉皮質恢復上線，針對不好的舉動所產生的罪惡感和指責，本身就會成爲一個觸發點，引發更加負面的情緒，讓前額葉皮質再度下線，穴居人大腦再度上線，重複暴食行爲。這可以被視爲一種「回音」習慣迴圈——被原本的習慣迴圈所觸發的習慣迴圈。

她會陷入這種「回音」習慣迴圈，是因爲她的舊大腦就像是一個只有單一用途的物品——它只知道該如何生存，即使理性的大腦（前額葉皮質）知道她的行爲是非常不理性的；她的意志力無法追上。光是能夠找出習慣迴圈，就已經是跨出很大的一步了。並沒有醫生在對她「布教」，或讓她覺得自己沒有足夠的意志力、感到很愧疚（然後可能會再度觸發她）。她看透了自己最深的不安全感，並且知道我理解她；這種同理心有助於打開信任與後續步驟的大門。

接下來幾個月，我繼續追蹤，幫助她找出習慣迴圈，看見自己從那些習慣迴圈中獲得了什麼，並且學習覺察練習，以便擺脫它們。不過，我之所以要在此處提到她，是因爲後續的「回音」習慣迴圈：

觸發點：對於暴食產生罪惡感（不愉快的情緒）

行爲：暴食（再一次）

結果：麻痺自己，得到短暫的緩解

在她發現這個習慣迴圈並沒有幫助之後，她暴食的嚴重程度、頻率、持續時間都減輕了。更重要的是，在這個治癒過程當中，她注意到另一個習慣迴圈：自我批評。她發現，幾乎每一次看著鏡子時，她都會批評自己太胖、沒有魅力。這也影響了她生活的其他方面，包含出外社交及約會。自我批評的習慣迴圈讓她更加封閉、憂鬱，即使她的暴食減輕了，她整個人還是沒有被治癒。

下一步，就是向她介紹這個名爲慈愛冥想（loving kindness）的覺察練習。

慈愛冥想

慈愛冥想（也稱 metta，爲古老的巴利語）練習能夠幫助我們變得柔和，並開始接納他人及自己本來的樣子。這可以幫助我們放下過去，並從過去當中學習，這樣我們現在才能夠前進。

慈愛冥想並不是在沮喪的時候，對自己說些正面的話或者拍拍自己。慈愛是一種所有人都擁有，且隨時都能拿出來使用的能力（是持續擁有更大、更好的機會的條件）；它是來自於我們給予自己及他人的眞誠祝福。我先前也有寫到，我的研究室證實，慈愛冥想甚至能減輕大腦中進行自我批評習慣迴圈的區域（如後扣帶皮層）的活動。[63]我們在練習慈愛冥想時，也會學到如何在做相反的事情（也就是批評自己）時看得更加清楚。如果我們能清楚看見自我批評是多麼沒有益處，我們就會捨棄它，因爲慈愛讓人感覺更好。

慈愛冥想練習分爲三個部分：

一、使用某些慈愛的語句來幫助你保持集中力。

二、想像你要傳遞慈愛的對象的樣貌。

三、在練習時找出身體所產生的慈愛的感受。

開始時，請以舒適的姿勢坐在一個安靜的地方，讓心情平靜下來，感受身體呼吸的感覺。（提醒一下，不要開車！）

現在，相對於慈愛，請想像一個最近讓你覺得壓力很大或焦慮的情境。注意一下身體有什麼感受，是感覺收縮，還是舒展？注意一下現在出現了哪些感受。

現在想像一位親愛的朋友——一個你很久沒見的人，從門口走了進來。你感覺如何？注意一下，這種感覺跟你回想讓你感到焦慮的情境時所產生的感覺有何不同。哪一種感覺更讓你握緊拳頭、咬緊牙關，或者肌肉收縮？哪一種感覺更加溫暖、開闊，或甚至是舒展開來？

現在，再一次想起這位親愛的朋友，或是你人生中的某位典範，或者某個無條件給予愛、慷慨或智慧的人。這個對象甚至可以是寵物，因爲寵物眞的很擅長給予無條件的愛。

現在想想他們給予你的愛及好意。注意一下你的身體是否產生了某些感受，溫暖、舒展，也許是在胸口、心中？

（如果你沒有立刻注意到任何感受，那也沒關係，只要在你做這個練習的期間不斷去注意就好了。）

現在，選擇一些祝福的語句，說給那位對象聽。以下有一些範例（一定要挑選能讓你自己產生迴響的，或者將這些話全都說出來，並將注意力放在你心中的感受）：

「祝福你快樂」，吸氣，「祝福你快樂」，將氣吐向全身。

「祝福你健康」，吸氣，「祝福你健康」，將氣吐向全身。

「祝福你不受傷害」，吸氣，「祝福你不受傷害」，將氣吐向全身。

「祝福你以慈愛關懷自己」，吸氣，「祝福你以慈愛關懷自己」，將氣吐向全身。

接下來的幾分鐘，依照自己的速度在心裡默念這些句子。將這些句子與你身體裡那種無條件的愛的感受當作一個錨點，讓自己保持在當下。如果感受變弱或增強了，就放鬆並專注在那些句子。當你重新喚醒這種天生的能力，它就會隨著時間逐漸變強；不要試著強迫增強它。

此外，如果你的思緒跑到別處，就注意一下它飄向何處，然後回來重複那些句子，並去注意那種無條件的愛的感受，如果胸口還有那種感受的話。

現在請想到**你自己**，想想你所擁有的優點。注意一下做這件事時，你是否會停滯或抗拒。沒錯，我們很容易把自己評得一文不值。只要去注意感受如何，並看看自己能不能暫時把它放到一邊去。如果想要的話，你當然可以等一下再繼續回去批評自己！

對你自己說出剛才對另一個對象說出的話：

「祝福我快樂」，吸氣，「祝福我快樂」，將氣送到全身。

「祝福我健康」，吸氣，「祝福我健康」，將氣送到全身。

「祝福我不受傷害」，吸氣，「祝福我不受傷害」，將氣送到全身。

「祝福我以慈愛關懷自己」，吸氣，「祝福我以慈愛關懷自己」，將氣送到全身。

就像剛才一樣，依照自己的速度在心裡默念這些句子。將這些句子與你身體裡那種溫暖、舒展、無條件的愛的感受當作一個錨點，讓自己保持在當下。如果思緒跑到別處，就注意一下它飄向何處，然後回來重複那些句子，並去注意胸口有沒有任何溫暖、舒展的感受。如果你發現自己抗拒、緊繃或者身體有其他感受，就保持好奇，「嗯——緊繃，真有趣」。只要注意到這些，並回來重複那些句子就好。

這個練習的說明就到這裡結束了。

你可以將這個練習延伸出去，不只是對你自己和你愛的人，也對你生活中所遇到的人，或甚至是難相處的人。最終你會發現，這個排除緊繃、進入溫暖開闊感受的練習，可以讓你的心對慈愛敞開大門。

慈愛冥想不一定是一件簡單的事

剛開始練習慈愛冥想的時候，可能會覺得非常困難。當我第一次學習到慈愛冥想時，我非常抗拒，因爲感覺起來太露骨、肉麻，也太過虛僞、理想化。我練習了許多年，才理解到它是多麼有幫助、多有價值。

在我開始住院醫師的訓練時，我已經冥想了大約十年，但只有練習慈愛冥想幾年而已。我開始注意到，在練習時，胸口會出現一陣溫暖，身體的某種緊繃開始舒展；並不是每次都會，但有時候會。當時我住的地方距離醫院幾英里，所以我騎自行車去上班。騎自行車時，如果有人對我按喇叭或大吼，我都會感受到一陣緊繃。我注意到自己陷入一種奇怪的習慣迴圈：

觸發點：被按喇叭

行爲：大吼、對他們比出代表不滿的國際手勢、刻意騎在他們前面

結果：自以爲正義

問題是，我會把這種緊繃的自以爲正義帶到醫院去。

我注意到自己沒有對患者表現得神采奕奕，於是開始嘗試如果我不是對那些車子大吼，而是將喇叭聲當作一個觸發點來練習慈愛冥想，那麼我的緊繃（及態度）會不會產生什麼改變。首先，我對自己說：「祝福我快樂。」接著對那位駕駛說：「祝福你快樂。」這幫助我打破了自以爲正義的習慣迴圈，以及後續的緊繃感受。

觸發點：被按喇叭

行爲：進行慈愛冥想，對自己說一句，對那位駕駛說一句

結果：感覺更輕鬆、更開闊

很快地，我就注意到，我抵達工作場所時是處於一個更加輕鬆的狀態，那種緊繃感消失了。然後，我突然靈機一動：我不需要等到有人對我按喇叭，才去練習祝福別人；我可以祝福我所遇到的任何一個人。在我開始嘗試後，大部分的日子都是開心地來到上班的地方。看見這兩種習慣迴圈之間的不同——前者是封閉的緊繃狀態，後者是開闊的喜悅——讓我看見了慈愛冥想是更有益處的選擇，我不再覺得它令人難受。

就像我，你可能也會覺得很難開始練習慈愛冥想。你可能會批評這個練習、批評你自己，或是擔心自己做不到、無法做得對，或者沮喪到根本無法開始做。如果你正是如此，我要改述歌手李歐納·柯恩（Leonard Cohen）的歌曲〈讚美詩〉（*Anthem*）中的一段歌詞：「別擔心自己不夠完美。我們都擁有裂痕，並且視它為缺陷、弱點，但其實這正是我們的力量。」

堅定決心

說到那位暴食症患者，我向她介紹慈愛冥想，當作一個更大、更好的機會，也許能幫助她脫離那個封閉及憂鬱的漩渦。這需要多一些練習，但是過了一陣子，她開始將這個方法作為被觸發後、開始要批評自己時的首選解決方案。通常，她都能從憂鬱的反芻中脫離，最終，她幾乎完全停止了暴食行為。我將她趕出我的診所，因為她再也不需要我的幫助了。

大約四個月後，她回到診所，只是要確認一切是否安好。她減去四十磅（約十八公斤），但更重要的是，她告訴我：「我很感激這個方法，因為我覺得好像再度找回了自己的生活。我可以吃一小片披薩，並真正享受它。」

請注意，她不需採取逃避或其他的策略來打破習慣迴圈，而且，她並沒有用奇蹟來形容——只不過是結合三個檔位，並在實際生活當中運用它們罷了。她有能力找出自己的習慣迴圈（第一檔），發現責備自己是很痛苦的（第二檔），並帶來慈愛冥想的更大、更好的機會（第三檔），踏出原有的習慣迴圈，擁抱更加美麗的自己。

在生活中嘗試看看慈愛冥想吧。開始探索好奇和慈愛將如何幫助你做出對自己和他人皆有好處的舉動，它能讓你更容易解決問題，並與世界互動。你可以坐在椅子或冥想坐墊上正式練習，也可以在躺下來準備睡覺之前練習。你甚至可以於走在街上時練習——對你自己與所有經過你身旁的人說那些句子。練習得越多，你就會更習慣心胸開闊、活在當下，讓自己單純地當個人類，而不是批評或責怪自己，同時你也會更加掌握那些原本就存在於心中的天然獎勵：溫暖、舒展、平靜，或任何一個可用來形容你感受的詞彙。

第20章

為什麼的習慣迴圈

艾咪（化名）是我的一位患者，她將近四十歲，婚姻幸福，有三個青春期的孩子。她很忙，做著許多女性都面臨的看似不可能的忙碌任務：工作的同時，還身兼孩子（及丈夫）的主要照顧者。許多女性比她更慘——我媽（是我心目中的英雄）獨自扶養四個小孩，還在夜間就讀法律學院——但艾咪來找我，她有很嚴重的焦慮問題，因爲她嘗試要把一切事情都做得很好。

在我開始幫助艾咪時，當她的第一次面談結束後，我讓她回家開始找出自己的習慣迴圈。假如患者在下次面談之前有好好做功課的話，就會很有幫助。如果他們是在眞實生活中清楚找出自己的習慣迴圈，而不是在某個診療的環境下，這不僅更能感受到正在發生的事，也能在我們治療的過程中獲得更有效率的進步。當患者下次來面談時，我們就可以直接討論習慣迴圈本身，而不是花費寶貴的診療時間進行這個過程、根據他們回想過去數週或數個月發生的事來想辦法研究。

在最近一次的面談當中，艾咪走了進來，看起來非常心慌。她完全不浪費時間，一坐下來就馬上開始說話，她形容每一件小事都會讓她進入使她耗弱的焦慮狀態。她背負許多責任，這件事本身不成問題，但最近每一件事都讓她覺得很沉重，讓她毫無理由地對孩子和丈夫發脾氣（沒有任何一個理由可以對心愛的人發脾氣）。她也說，雖然她喜歡現在的工作，工作的壓力也不會很大，然而，僅僅只是想到要開車去上班，就會讓她感到焦慮。焦慮程度不斷上升，讓她的待辦清單越積越多，因爲她無法解決事情，只能看著清單感到擔憂、因爲壓力而感到疲累，最後發現自己整天有許多時間都在打瞌睡，醒來後又重複整個過程。她沒有把精神用在有生產力的地方，她的焦慮把所有精力都吸走了；她會因爲一些微小的觸發點而被點燃、熊熊燃燒起來。

在那次面談中，艾咪說了一句話，給了我一個很大的提示，讓我知道她卡在什麼地方，她說：「我感受到焦慮朝我襲來，然後我一直在想我到底爲什麼焦慮。」

艾咪說焦慮會毫無徵兆地隨機出現，而不是被任何特定事物所觸發。除此之外，她的丈夫和朋友出於好意，會關心她怎麼了，然後就會說：「妳不是有去看精神科嗎？」

我問說：「他們是不是會說：『妳爲什麼還沒被治好（fixed）？』」

「對！」艾咪繼續說：「如果我能知道爲什麼就好了……」

艾咪落入了一種心理陷阱，就像其他許多人一樣。他們認爲，如果能夠找出自己焦慮的原因，就能神奇地治好焦慮。在修理（fixing）汽車或洗碗機時，這確實是有用的，但我們的心不能像機器那樣被修理。

那就是陷阱。我們困在以爲精神科醫生是修理技工的心態：我們去找他們修理我們的焦慮。很多時候，所謂「修理」的形式，是試圖理解造成問題的原因。一旦我們了解問題的起因，我們便會痊癒。

在我們了解到一種行爲與一種刺激有關聯之後，就會得出觸發點。觸發點可能是任何事情；看見什麼，感受到什麼，甚或只是簡單的想法，都可能觸發習慣反應，進而啟動習慣迴圈。很自然地，我們認爲只要找出那些觸發點，便能在未來避開它們，或者是更好的——解決它們；因此，我們才會困在試圖矯正過去。但我們不能改變過去，只能從過去學習，並改變我們現在的習慣行爲，進而形成未來的新習慣迴圈。

艾咪便是掉進「爲什麼」的兔子洞，她迫切地想要理解自己爲何焦慮，心想等她找到答案，便能解決，然後焦慮就會消失了。諷刺的是，在這個過程中，她在爲什麼的習慣迴圈中越陷越深：

觸發點：焦慮

行爲：試圖理解自己爲何焦慮（卻無法理解）

結果：變得更焦慮

在諮商的前十分鐘，單單是想要跟我描述她的情況，她就有三次困在爲什麼的習慣迴圈裡。（再也沒有比在你的醫生面前親身示範問題，更能讓人清楚狀況了！）

等到第三遍，我問她：「在妳無法理解爲什麼的時候，有什麼感受？」

「情況更糟了。」艾咪說。

即使她能明確找出觸發點，但觸發點並不是問題；她的問題其實就是一直在問「爲什麼」的舉動。我做的第一件事是請她深呼吸、平靜下來。接著，我們一起釐清那個爲什麼的習慣迴圈，僅僅是這麼做，便明顯使她不那麼焦慮，因爲她可以看到自己在當下是如何給焦慮火上加油。然後，我提出激進的說法。

我問：「假如**為什麼**並不重要呢？」

「什麼？」她一臉困惑地回答。

什麼事情觸發憂慮或焦慮並不重要，重要的是你如何回應。當艾咪陷入爲什麼的習慣迴圈，她只是火上加油，把事情變得更糟。如果她學會脫離迴圈，不僅能熄滅焦慮的那把火，同時還能學習如何避免未來再度發生同樣狀況。在覺察訓練中，「爲什麼」與「什麼」的差異很重要。焦慮的人不應執著於爲什麼，而是要學習專注在當下發生的情況。當下有什麼想法？感受到什麼情緒？身體出現什麼感受？

我給了艾咪一些功課。

「每當妳注意到爲什麼的習慣迴圈正在形成，就深呼吸三次。深深地吸氣，吐氣時跟自己說：**為什麼並不重要**。」

這麼做的目的是要協助她注意到，開始焦慮時，要專注在當下的情況，而不是陷入爲什麼的習慣迴圈。我們一起做了呼吸練習，以確保她眞正學會，並用一個簡單但具體的工具來幫助她脫離爲什麼的習慣迴圈，之後，艾咪便回家練習。

我們有時會陷入機械模式，以爲自己的腦袋像一部車。當然，如果罹患生理疾病（例如腦瘤），西藥很擅於解決。然而，試圖矯正形成習慣迴圈的前塵往事，這是行不通的，因爲過去的已經過去了。此處又要提到我在第十四章講過有關寬恕的一句話：「寬恕，是不再期望過去可能變得更美好。」如果我們採取希望避開觸發點的方式，不僅幾乎不可能成功（儘管我的病患從來不曾停止嘗試！），也不可能解決問題的根本。我們必須學習拋開過去、專注於現在，因爲我們只能處理**當前的情況**：我們在當下表現出來的習慣迴圈。每當我們陷入爲什麼的習慣迴圈，便是玩火自焚，同時又火上加油。

看看你是否有一個爲什麼的習慣迴圈（或兩個），注意被火焚身的感受是什麼。然後，專注在什麼，而不是爲什麼；你可以使用我教給艾咪的呼吸練習（提醒自己：**為什麼並不重要**）等簡單方法，來釐清、脫離迴圈，看看會發生什麼事。然後，再看看接下來會發生什麼事。

眼睛是靈魂之窗（或至少是情感之窗）

你是否曾經猜想過，爲什麼眾多職業撲克玩家在錦標賽時都戴著墨鏡？那是爲了不讓他們的眼睛洩露自己的計謀。撲克玩家最糟糕的是露出馬腳，也就是行爲或表情的改變，透露出手上持牌的線索。

你其實很難阻止或掩飾不自覺的眼球運動及表情，所以才要戴墨鏡。

你的眼睛，真的可以作爲窺視你目前情緒狀態的窗口。首先，了解你的眼睛與你的情緒建立聯繫的方式，便能進行簡單練習來幫助自己處理焦慮、恐懼、挫折及其他情緒狀態。同時，這項練習將幫助你建立起好奇的習慣。準備好探索了嗎？我們現在就開始。

我們先由科學講起。當我們害怕時，眼睛會直覺地張得很大。早在十九世紀，達爾文（Charles Darwin）便提出理論：面對不確定之時，我們會把眼睛睜得大大的，才能蒐集更多「外面是否危險」的視覺感官資訊。[64]眼睛圓睜的模樣，再加上恐懼的其他面部表情，也是一種社會訊號，能讓別人知道我們害怕。鞏膜（眼球外圍的眼白）與其他眼部的對比，使得這點在人類身上尤爲醒目。有些人看著我們的臉，很快便能讀懂「嘿，外面可能有危險」，我們連開口說話都不必。

事實上，這種不自覺的眼睛睜大，可能會增進眼睛睜大的人、與看見他睜眼的人對於環境事件的認知處理。心理學家丹尼爾．李（Daniel Lee）、約書亞．蘇斯坎德（Joshua Susskind）和亞當．安德森（Adam Anderson）於二〇一三年進行的一項簡潔實驗證明了這點，[65]他們請參與者做的第一件事，是做出害怕的表情，接著是中性的表情，再來是厭惡的表情。研究者發現，做出害怕的表情，尤其能夠增強參與者準確執行認知任務的能力，而做出厭惡的表情（雙眼瞇起），則是阻撓了他們執行任務的能力。

在第二項實驗中，研究者的焦點是，眼睛的恐懼反應能否將認知的益處傳達給旁觀者。結果是，單單是看著眼睛睜大（也就是露出更多眼白）的照片，便改善了一個人在認知任務上的表現。

張大眼睛的模樣並非只在恐懼時出現，在蒐集其他種類的資訊時也會出現。當我們眞的有興趣學習某件事時，眼睛往往會變得又大又圓。在前述實驗中的一個有趣轉折是，研究者將眼睛睜大的照片上下顚倒，讓參與者無法讀懂恐懼的表情，只能看到眼睛張得有多大。他們發現，恐懼並沒有增強認知處理；虹膜與鞏膜的比率（也就是，睜大的眼睛＝露出更多眼白）才是任務表現改善的原因，而不是眼神所流露的情感（即恐懼）。

如今已獲得研究支持的達爾文的直覺，對於總體學習具有重要含意，而且可以提供具體訣竅與大腦遊戲，幫助我們改變習慣。

我們由聯想學習（associative learning）開始。這種學習是把身體感受、姿勢與情緒連結起來。從生存觀點來看，如果你身處險境，你會本能地蜷縮身體，盡量縮小自己，同時用手腳來保護頭部與重要器官。

當我們不斷將一種身體姿勢或臉部表情，與一種情感連結起來之後，兩者終將變得密不可分。換句話說，你很難看到其一而不聯想其二。舉例來說，如果你將肩膀聳起到接近耳朵的高度，你或許會注意到，這讓你感到有些壓力，那是因爲我們在生活中感到壓力時，經常會高聳肩膀。我們快樂的時候，身體姿態往往更加放鬆。這項過程稱爲「體感記憶形成」（somatic memory formation），因爲我們形成的記憶是把身體感受連結到想法與情感。

你甚至可視之爲一種遊戲，檢查自己是否在肩膀積壓了今日或上週（或去年！）的緊張。現在，請深吸一口氣，維持三秒鐘，吐氣時放鬆肩膀。你現在覺得更有壓力，還是更爲輕鬆？

你的眼睛也會做同樣的事情。我們已學會將「睜大眼睛」聯想到「蒐集新資訊」，當你因爲恐懼或懷疑而張大眼睛，便會傳送訊號給你的大腦說，你準備好接收新資訊了。如果你因爲厭惡或憤怒而瞇起眼睛，便是傳送訊號給你的大腦說，你現在不打算學習，相反地，你準備好採取行動了。

我們現在來玩個遊戲：

把眼睛努力睜大，想著讓你厭惡、挫折或憤怒的事物。設法保持眼睛睜大，看你能有多麼厭惡（挫折或憤怒）。「喔，我眞的很厭惡！」或者，「喔，我眞的很生氣！」這會有什麼用嗎？我敢說沒什麼效果。和感到嫌惡時相同，當我們生氣時，我們不會想說：「嗯，發生了什麼事？我眞的需要生氣嗎？我來蒐集更多資訊吧……」我們的大腦並不會處於蒐集資訊的模式，相反地，無論是什麼激起了憤怒，大腦便打算對之採取行動，我們的眼睛會瞇起來，像雷射般聚焦。眼睛瞇起的憤怒表情如此根深蒂固，以至於即使你張大眼睛、企圖生氣，你的大腦也無法運作，因為你的臉部表情與你的情緒不相配。當你張大眼睛時，你很難生氣。

現在，我們來做另一項練習。盡可能把眼睛瞇起來，接著努力發揮好奇心。同樣的，還是不行：你的大腦習慣把「眼睛睜大」與「好奇、驚奇」連結在一起。要記得，在好奇心之下，你處於蒐集資訊模式。另一個搭配錯誤的地方是，你的大腦說：「嘿，等一下。如果你眞的很好奇，你的眼睛應該要張開才對。你確定你很好奇嗎？」

眼睛會流露出許多富有情感的表情。我們長久以來將眼神與情緒連結在一起，兩者已緊密結合，知道這點以後，我們就能駭進這套簡單的系統，幫助自己將挫折及焦慮轉化為好奇。做法如下：

下次當你感到挫折或焦慮時，請這麼做。

一、暫停下來，講出那種情緒。（例如：喔，那是X情緒。）

二、查看你的眼睛是瞇起來還是睜大的。

三、把自己的眼睛睜大（或許再發出**嗯**——的聲音），以啟動你的好奇心。睜大眼睛十秒鐘，注意你的焦慮（或是你剛才辨認出的任何困難情緒）有何改變。它變得更強或更弱了？它是否改變了特性，抑或有了其他方面的轉變？

在你掌握竅門之後，看看你一整天能夠練習多少遍。每當產生不好的情緒時，看看這項練習能否讓你了解情緒，並從中學習（以了解你自己），同時設法培養好奇的習慣。

第21章 就連醫生也會恐慌發作

現在，我們的覺察工具箱已經裝了許多工具，能讓你奪回大腦的主控權，從第一檔、第二檔，切換到第三檔。好奇心是基礎，慈愛練習能幫助你跳脫自我批評的習慣迴圈，RAIN練習則是幫助你控制半夜吃點心的衝動。

想不想要一個無論何時都能做的快速練習？

我們通常都會將覺察練習當作一種學習如何**回應**（respond）生活的方法，而不是如何對生活做出**反應**（react）。想要趕快做點什麼的衝動，通常都是對某種不愉快事物所產生的反應。如果你沒有在注意，就會習慣忽視那種不愉快的感受。就像在自動導航模式下開車，或是在我們的研究計畫裡，有人形容是「閉著眼睛開車」；你不知道你要開往哪裡，但你可以猜到這不是正確的方向。

如果你加以注意，並以接受、好奇的態度，覺察那些不愉快的感覺，你的眼睛就會張開，並找到回應的空間，而不是做出反應。RAIN練習可以幫助你打開那個空間，因爲你不會被習慣性的反應給困住。

我們的一位計畫成員說，她覺得自己是「在**做**一個人類，而不是**身為**一個人類」。她解釋道，她總是在做事、做事、做事，讓自己感覺好受一點，但她迷失在做事的過程裡，不再身爲一個人類。

只要有一點空間，你就能**身為**人類，而不是**做**個人類。當你把自己對恐懼或焦慮等不愉快的情緒，所產生的根深蒂固的反應找出來（第一檔），並探索你的習慣性反應（擔心、逃避、拖延等）會造成什麼結果（第二檔），現在，你已經有了足夠的速度可以切換到第三檔，開始爲新的行爲製造空間，例如保持好奇或是RAIN練習。事實上，好奇心也許就是你站上衝浪板、掌控浪潮所需的一切。

保持好奇，能幫助你掌控獎勵導向學習機制，用察覺取代習慣性的反應，並將獎勵從「緊縮的，感覺稍微好一點」改成「開闊的好奇心，感覺非常好」。因爲比起焦慮，好奇的感覺更好（畢竟它是更大、更好的機會），回想好奇的感覺（相對於焦慮）會自然而然地加強它，使它成爲新的習慣。最棒的是，你不會對好奇感到無聊。就像美國作家艾倫·帕爾（Ellen Parr）曾說：「無聊的解藥正是好奇心；然而，好奇心並無解藥。」

＊＊＊

我們花一點時間看看，當你在做ＲＡＩＮ練習時是什麼感覺。把重點放在你的心態。你有沒有發現自己嘗試（此處的嘗試是指**強迫**自己）趕走衝動？或者是認為，你已經在做ＲＡＩＮ練習了，但爲何這股衝動還是沒有消失？

這就是太快強迫自己從第一檔切換到第三檔的例子。要記得，你不能依靠思考來改變習慣，否則你老早就成功了。這就像強迫自己要放鬆一樣，想要勉強透過ＲＡＩＮ練習來消除衝動或負面情緒，只會火上加油。你可能會陷入另一個迴圈：如果我做ＲＡＩＮ練習，就會感覺好受一點！然後，壓力就會觸發你**勉強**做ＲＡＩＮ練習：

觸發點：不愉快的情緒或衝動
行爲：做ＲＡＩＮ練習
結果：因爲ＲＡＩＮ練習沒有成功而感到挫折

你不能強迫自己接受，就像是你也不能強迫自己好奇。這就是爲什麼我們要花那麼多時間來建立你的好奇心，才能切換到第三檔。只要你有勉強的感覺，或者RAIN練習讓你覺得自己必須多做某件事，那麼這個當下就要立即感到好奇，並注意到緊繃或勉強是什麼感覺。如果你陷入某種反應模式，或者你的想法漩渦逐漸失去控制，就可以切換回第二檔，想想：**我從這之中得到了什麼？**

第三檔並沒有比較優越

別忘了，第三檔並沒有比第二檔或第一檔好，你需要這三個檔才能運行。有時候你正在爬坡，只需要第一檔就夠了；這樣就很好了。有時候道路比較平坦，或者較少彎道，你就可以開在第二檔或第三檔。每一個檔都會讓你前進，這眞的很重要。**無論你使用哪一個檔，你都在前進。**

隨時注意你是否在責怪自己沒有隨時使用第二檔或第三檔，也許你對自己說：「我現在應該已經在使用第三檔了」、「我現在應該已經擺脫那個壞習慣了」。但是，也許這本身就是一個習慣迴圈呢？也許你應該停止認爲自己「應該」怎麼做，然後把這個習慣寫出來。

觀照練習

現在來嘗試另一個練習。

我們要聚焦在RAIN練習裡的N這一部分。先前在RAIN練習的時候，你已經知道觀照是一項很重要的練習，能幫助你跳脫自動導航模式。但是，你知道即使不會被習慣迴圈給吞噬，你還是可以練習觀照嗎？這能幫助你加強能力，對生活中每一個當下的體驗更加專注。

從你的五感開始——視覺、聽覺、觸覺、嗅覺、味覺。現在，加上另外兩個：身體裡的感覺（例如：內感受〔interoception〕）及思考。你要隨時注意哪一個是最顯著的。

當你走在路上，若有什麼東西吸引了你的目光，就可以注意「視覺」。過了一陣子，你聽到鳥叫聲，就注意「聽覺」。如果一個想法冒出來（「喔，是一隻鳥在唱歌」），你就注意「思考」，因爲這是你當下的體驗之中最突出的。非常簡單。

也許歌聲讓你感到快樂，你就注意「感覺」，因爲現在快樂的感覺是最顯著的。每當你注意你的體驗，就能幫助你專注於當下，而不是迷失在想法之中，或是進入自動導航模式。

當你處於自動導航模式，很容易就會偏離方向。舉例來說，你聽到鳥叫聲，可能會想到：「喔，那隻鳥在唱歌……聽起來眞美妙……不知道那是什麼鳥……也許是某種鶯？我好像在探索頻道看過關於鶯的節目，在講牠們的棲息地被破壞……我不敢相信人們竟然不愛護環境……我的鄰居甚至都不做資源回收……我眞不敢相信那個混蛋……」以此類推。

前一秒，你還很快樂地在聽鳥兒唱歌，下一秒，你就開始對鄰居感到憤怒。爲什麼會這樣？自動導航。未受過訓練的人會被帶往任何一個方向，通常是闖進麻煩當中。

觀照練習可以幫助你訓練覺察肌肉、阻止你火上加油，無論是憤怒、恐懼，或是其他負面情緒。當你的心思開始偏離，你就注意「思考」、「感覺」，甚至是「恐懼」。成功地運用觀照及其他第三檔練習，會讓你的大腦重新接上線，將舊的習慣改成新的。

因此，現在花個三十秒，注意你的體驗當中最顯著的：視覺、聽覺、思考、感覺、嗅覺、味覺。

之後就要注意到，做這件事與迷失在思緒裡或被情緒帶著走，會有什麼差別。這就是看著火焰燃燒到剩下灰燼，以及讓火焰熊熊燃起並蔓延，兩者之間的差別。

我們計畫中的一位成員，如此形容自己因壓力而暴食的習慣迴圈：

以前我非常焦慮，我會爲了讓胸口及喉嚨的緊繃感平靜下來，而不顧一切地吃東西，即使這樣會害我遲到之類的。以前就是那麼不舒服……當那些感覺出現的時候，能夠注意到它們，我就獲得了力量。我可以看見它，並想著「嘿，你並不餓，你只是有壓力」，然後就可以決定要怎麼做。

你將會發現，光是有所注意，就可以暫時停止來覺察一下，然後這個空間就能讓你看清當下眞正發生的事。這讓你不會被情緒困住，或衝動地想要做某件事，好讓它消失。

觀照練習相對比較簡單，就像讓你在海上能夠漂浮的衝浪板，它可以幫助你專注在當下，而不會被情緒的大浪吞噬、淹沒。如果你當下已經很專注了，就不需要加入觀照練習，因爲你已經處於當下了。

當你開始做觀照練習時，可能會覺得困難。不須爲此擔心。當你越來越習慣，就會變得越來越簡單。要在**一天之內做許多次**，**每次都是很短的時間**，我要強調這件事，你才會記得；這對於培養新的習慣來說是很重要的。這有助於在大腦中留下一道道新的軌跡，讓觀照成爲你的新習慣。要小心「我一定要做得很完美」或是「這太難了，我一定是做錯了。我是個失敗者，我可能會放棄。去看看社群網站或是吃點冰淇淋」之類的習慣迴圈，將它們都標記為「思考」。

在你透過RAIN練習、觀照練習以及其他練習來培養覺察肌肉之後，你會開始更加清楚看見你的習慣迴圈。隨著時間經過，它們會逐漸停止出現——它們會自己停止，不用你趕它們走。

今天就嘗試練習觀照，不要只在你做RAIN練習的時候，而是在你走在街上、坐在沙發上，或甚至開著車的時候。要記得，是在一天之中做許多次，每次都是很短的時間，這樣才能有效設立新的、穩固的習慣。

就連醫生也會恐慌發作

在我就讀醫學院的時候，有個不成文的共識，就是學生必須堅忍不拔，幾乎是超人的程度，意思是永遠都不能疲累、飢餓，甚至不能表示自己要去廁所；這種做法被稱為「武裝」。因此，我們從未學習如何適當處理壓力或焦慮。

我特別擅長壓抑自己的壓力，所以，毫不意外地，我在住院實習期間開始會在半夜恐慌發作、驚醒。我的心臟跳得飛快，出現管狀視覺（tunnel vision），呼吸急促，強烈地感覺自己即將死亡。

我在就讀醫學院時就已經開始冥想了，所以在恐慌發作之前，我已經擁有十年以上的練習經驗。當時我做了許多觀照練習，很幸運地，我第一次恐慌發作、驚醒時，觀照練習起了作用——當時已經成爲習慣了，因此我記下「緊繃」、「無法呼吸」、「管狀視覺」、「心跳加快」等症狀。恐慌發作結束後，我填寫心理診斷量表，確認我剛才的體驗就是徹底的恐慌發作。

令人驚訝之處在於：我並不是覺得「喔不，我剛才恐慌發作了」，而是去注意剛才發生了什麼事，且不多做解釋或評論。解釋和評論會讓恐慌發作發展成恐慌症——我們會開始擔心下一次什麼時候會擔心，對於自己可能會焦慮而感到焦慮。

恐慌發作可能會出現所有恐慌症的症狀，包含心跳加速、冒汗、顫抖、感覺無法呼吸或要昏倒、對於死亡感到強烈的恐懼。然而，若要診斷一名患者罹患恐慌症，其恐慌發作「必須與超過一個月以上的持續擔憂有關，擔憂（一）下一次的恐慌發作或是恐慌發作的後果，或者（二）與恐慌發作相關的嚴重適應不良的行爲改變」。[66]這是個很關鍵的差異，當我身爲住院醫師、親身遭遇恐慌發作時，並沒有意識到這一點。恐慌發作就只是恐慌發作（雖然這並不會減輕它在發作當下所產生的恐懼程度），只有在我們開始擔憂下一次恐慌發作時，它才會成爲一個問題，影響我們的日常生活。戴夫第一次來找我，是因爲他很擔心開車時會恐慌發作，因此極力避免開車——他不上高速公路，也幾乎不開車去買生活用品。戴夫形成了適應不良的習慣迴圈，以避免觸發恐慌：

觸發點：開車（尤其是上高速公路）

行爲：避免開車

結果：不會恐慌發作！

別忘了，我們的大腦就是爲了生存，它會盡其所能地幫助我們避免危險，而恐慌發作的感覺就是危險的。我記得自己恐慌發作的經驗當中，最嚴重的就是感覺自己快要窒息死亡了。戴夫的大腦就是一件只有單一用途的物品：如果某件事會造成恐慌發作，那就不要做某件事。

戴夫很幸運，他發現自己的大腦其實具有更高的適應力。了解大腦的學習模式後，就可以教它新把戲。戴夫有一個很關鍵的領悟，他發現，擔心下一次的恐慌發作，只不過是自己編出來嚇自己的，那不是眞的，只是一個故事。

我們編出來嚇自己的恐懼或擔憂故事，可能會擅自發展茁壯。每一次我們重複對自己講述時（「喔不，如果我開車的話可能會恐慌發作」），它都會在我們的大腦中具象化、固化，導致我們相信它是眞的。我們不只會相信那些想法，還會將它們與某些特定的情緒連結起來，導致我們產生某個想法時（「我會不會恐慌發作？」）會觸發某種情緒（恐懼、擔憂等）。還記得前面介紹過的關於體感記憶的資訊嗎？它也適用於此。

在本書較前面的內容中，我介紹了一個用焦慮的習慣迴圈來定義自己的人，她甚至形容是「刻在骨子裡」。我們不只會用習慣迴圈來定義自己，甚至還會將注意力都放在自己的想法、情緒、故事上，導致我們再也無法看清現實。我們像彈簧一樣繃緊，因爲同事或家人拍拍肩膀、或者做了某些完全無害的事情就被觸發，最後陷入憤怒或在淚水池中溶解。

我在讀醫學院及住院實習時，覺察讓我了解到，我的想法不能代表我、我的情緒不能代表我、我的身體感受不能代表我；我不需要這些東西來定義我。我們會習慣抗拒所有不愉快的事物；當我恐慌發作時，我注意到身體感受、情緒、想法後，就可以觀察它們，看著它們開始、結束，而不是抗拒它們。這讓我得以避免擅自編出擔憂及不幸的故事，我也不需美化或改動它，就能結束故事。我可以避免讓它持續太久，或者想像出並非眞實存在的東西。同時，這也幫助我不讓生理體驗形成聯想體感記憶，例如，感覺到心跳很快就認爲自己要恐慌發作了。沒有必要因爲快步走上樓梯之後，感覺心跳加快就觸發恐慌，它只是顯示出心臟正在做正確的事——把更多血液輸送到肌肉去。

多虧了覺察練習，我得以避免越過事件的視界，或被吸入恐慌症的黑洞當中。對於心理運作方式的了解，幫助我克服了它。我並沒有被診斷爲恐慌症，或者培養出擔憂的習慣迴圈，擔心自己可能又會恐慌發作。那一年，我又多忍受了幾次恐慌發作，但它們都以同樣的方式結束了。而隨著每一次的恐慌發作，我的好奇心和信心都會增長幾分；我知道我可以處理好我的心理。

現在你可能會想：「這個人已經很認眞地練習覺察冥想十年了，但我做不到啊！」然而，我已經見證了無論是哪種習慣，不管累積多久、多深沉、多麼根深蒂固，你都做得到。你要在一天當中做非常多次短暫的練習，以培養良好的覺察習慣。就像戴夫在幾個月內做到的，我們都能學會處理自己的內心。你只需要建立**好習慣**，例如，先嘗試培養好奇心。

培養好習慣

如果你嘗試了本書中所建議的練習，你將能從自身的經驗當中，爲自己找到更大、更好的機會，例如好奇心及慈愛。你可以把RAIN練習和觀照練習加入第三檔的清單之中，因爲你已經從我的經驗當中看到了，比起恐慌發作之後對此感到非常擔憂、因而發展成恐慌症，培養觀照的習慣顯然更加有好處。

對於這些練習（以及所有第三檔的練習），你都必須要非常清楚地看見、感受到它們是多麼有價值。你可以在做了一些第三檔練習（或甚至獲得了第三檔的體驗）之後切換回第二檔，以便加強它。只要問問自己：「我從這個（第三檔的練習／體驗）當中獲得了什麼？」然後，細細品味它的感覺有多好。我稱之爲渦輪增壓第二檔，因爲它眞的可以讓你在未來加速做更多第三檔的練習。重要的是，這還能更加鞏固你大腦中這項練習的獎勵價值。這對於習慣自我懷疑的人（以及我們所有人）而言尤其重要，因爲他們習慣快速離開有獎勵價值的時刻、繼續往前進。由於我們的生活過於繁忙，當生活中沒有危險的時候，我們很快就會從好東西當中脫離出來，因此它就不會留存在我們的大腦裡。以心理學來說，比起正向事物，我們更傾向於記住並反芻負面的外界刺激及事件，這稱爲負面偏誤

（negativity bias），也就是正面與負面的不對稱性。這正是爲什麼批評所產生的刺痛，比稱讚所帶來的喜悅更加強而有力。你還可以注意到，渦輪增壓第二檔有助於保持公平。覺察能讓我們完整感受正面與負面情緒，而不會被困在任何一方之中。

希望你已經了解到，善意及好奇這些習慣本身就是很好的習慣。說得更清楚一點，好奇心與善意並不會突然神奇地將你拉到心理健身房，或者強迫你開始訓練，像魔鬼教官對著你的耳朵大吼那樣。它們是用不同的方式來實現魔法，自然而然地吸引你進去，因爲那感覺很好。如果你曾經被舊的魔鬼教官式自我鼓勵習慣給困住，那麼希望你已經從自身經驗當中學習到，這種對著自己大吼的方式效果如何（沒有效果），這樣你就能改掉這些習慣了。

從更廣泛的觀點來看，你也許會發現健身房是適合訓練的地方，但你不可能在健身房度過你的往後餘生。每天都花點時間坐下來，進行更加「正式」的冥想練習，也就是不間斷地、將一些時間和空間留給冥想（如呼吸練習或觀照練習），這會很有幫助，就像是去健身房做重訓。更重要的是，在你培養心理肌肉時，可以將RAIN練習或觀照練習等工具應用在日常生活當中，最後，你會發現整個世界都是你的心理健身房，你可以將正式與非正式的冥想融合在一起。就像你可以走樓梯而不是搭電梯、在一整天內都保持活動，你也可以運用覺察和好奇心，時時刻刻都保持「運動」。只要你持續努力重整大腦中的獎勵價值排行榜，無益的習慣排名就會越來越低（久坐不動、吃垃圾食物、擔憂），有益的習慣排名就會越來越高（活動身體、吃得健康、保持好奇）。要記得，若要培養覺察的好習慣，就要在一天當中持續做許多次，每次都是短暫的時間。

當你許下新年新希望，想鼓勵自己持續做心理健身超過一週以上，你可以嘗試使用本書裡的工具，而不是強迫自己。你可以找出自己覺得做起來很有趣的心理及身體練習，注意它們所帶來的好處，讓它們在大腦裡成爲更大、更好的機會，進而固定下來。舉例來說，當我太太沒有動力出門跑步的時候，她會提醒自己，上一次跑完之後感覺有多棒，那種記憶通常會讓人微笑，讓她走出大門開始奔跑。以心理練習來說，鼓勵自己練習慈愛冥想的好方法，就是想起某個善舉並回想它讓人感覺有多棒（這對我來說非常有用）。

你可以找到吃得健康、多運動、做志工，或者你想培養的任何一個好習慣所帶來的好處嗎？

第22章

實證信心

你已接近本書的尾聲。情況還好嗎？就像發現自己做得到的小火車，你是否已找到一個可以對自己說的咒語或提醒詞，以進入覺察及啟動換檔？你的當日觸發點能否變成覺察鈴鐺，發出叮的一聲，觸發你換檔到第三檔和新行爲，得到比你的舊行爲更大、更好的獎勵呢？

如果你像我的許多患者與學生一樣，你或許會猜想：「我可以做到持久的改變嗎？」老實說，你只需要靜下心來，把事情做完。好比考試，如果你沒有做到你以爲自己可以或應該要達到的用功程度，也不用擔心，只要繼續用功，你還是會讀完的。

這些心理技巧並不難學習，只是需要許多練習，好讓它們成爲你的新習慣。訓練心理是需要練習的，你需要練習釐清自己的習慣迴圈；你需要練習越來越密切地觀察你的行爲帶來的結果；你需要練習克服想要做些什麼的衝動，好讓你學習與浮現的想法及情緒共處。在各種練習之後，你將學會校正自己的系統，並明確地認清伴隨著搔癢、衝動和憂慮的畏怯或退縮情緒，以及相反的情形，亦即伴隨著慈愛與好奇的舒展情緒。你將會明白外在回報（需要得到什麼事物，才能感覺好一點）與內在回報（感受到好奇與仁慈帶來的解脫感）之間的不同。

信心

若要學習一項新技能，最重要的元素之一是相信你自己，相信自己做得到。

信心基本上可分爲兩種。第一種是你跨出一大步去做以前沒做過的事，但相信事情會成功，因爲你看別人做過，或是你的直覺說應該這麼做。這種超乎理性的信心往往是最嚇人的，因爲你將進入未知領域。當你第一次完全克服一種衝動或是渴望使用ＲＡＩＮ，便是跨出這一大步。

第二種信心是建立在第一種之上，我稱之爲實證信心（evidence-based faith）。在醫學界，我們會尋求某種治療方式有效的證據，而後才能說它有效用。如果你需要治療以降低血壓，你會希望看到一些證據顯示，它確實如宣稱般有效。醫學研究者（像我這樣的）進行研究，以提供這種證據，這便是「實證醫學」（evidence-based medicine）一詞的由來。

舉例來說，我的實驗室進行臨床研究以了解，教導覺察是否能幫助人們戒菸、不再暴食或陷入焦慮。首先，經由面對面爲人們提供治療來測試，之後再利用數位療法（手機應用程式）進行臨床實驗。我們使用的方法正是你在本書中學到的相同訓練，而這些方法確實有效。

要記得，我們在一項研究中發現，覺察訓練比目前幫助人們戒菸的主流療法好上**五倍**，而抽菸是最難戒掉的化學成癮症——沒錯，比戒掉古柯鹼、酒精或海洛英更爲困難。* 我也有談到我們進行的暴食研究（例如，渴求相關的暴食減少四〇％，並降低獎勵價值），以及焦慮研究（例如，醫師的焦慮降低五七％，廣泛性焦慮症患者的焦慮降低六三％）。此外，不只是我的實驗室發現了支持覺察訓練的證據，如今學界已發表了數百份科學論文，是關於覺察的臨床功效、甚至是其背後的神經科學。

如同我已提過的，我們實驗室掃描了人們在冥想時的腦部，發現經過練習後，冥想改變了我們的預設腦部活動模式。其他研究者則發現，冥想甚至能改變腦部體積。支持覺察訓練的實證基礎，每日不斷在擴增。

不過，我並非要求你相信我，或者只因為這項訓練已證實在他人身上有效，便盲目相信。我希望你在過程中、**從自己的體驗中**收集證據。有多少次你曾真正好奇，焦慮在你身體裡的感覺？有多少次你能夠釐清你的觸發點與習慣行為？你進入這三檔的時間有多少？

每當你在衝動時深呼吸、利用RAIN克服渴求、感受到慈愛的溫暖，或是運用觀照練習去擺脫破壞性思考模式，你就是在蒐集資料、建立你自己的實證基礎。每當你加以注意（相對於放空），就會即時看到結果。你在這個過程中持續蒐集證據，以證明這確實對你有用。

現在，花些時間思考你在閱讀本書的過程中所蒐集的各種證據。仔細思考。如果你有在練習，此時應該已經有很多資料了。現在，把所有證據集合起來，建立你對這項計畫的實證信心。若產生懷疑或不信任，首先把這些標記為「懷疑」或「不信任」。提醒自己，你有大量證據作為你的信心基礎。實證信心，而不是盲目信心。你做得到的，只要放輕

＊ 原因有數項，包括你在吸菸時，尼古丁會非常迅速地被吸收到血液裡，加速刺激腦部分泌多巴胺，致使你更加上癮。

鬆，持續做下去。

我們「現在就吃」計畫的一位參與者寫下心得：

> 我們必須相信自己可以持續這些練習，而我們蒐集的個人證據可以增強信心……我已明白這項計畫是有效的，以及好好練習的話，這些練習所能帶來的好處。我也明白，若是鬆懈練習，很容易便會恢復舊習慣。若要培養新習慣，需要勤快練習。我必須相信我可以把這些練習培養成爲我的新習慣，才不會放棄、重回老樣子。

眞是睿智啊。就像學習彈奏樂器一樣，熟能生巧。

因此，請持續練習並建立實證信心；在產生「懷疑」時標記下來；注意到克服迴圈時的喜悅，而不是被困在其中。

何不試著在一天當中保持覺察及好奇心？看看你在煮咖啡時、步行回家或搭車時，甚或是上廁所時能否覺察。這些短時間的多次練習，能否幫助你進入第一檔、第二檔，甚至第三檔，以建立你自己的信心與動能？

我的拖延習慣迴圈

成長時期，身爲一個負有使命的孩童，我可是十分專注的。如果我想要做什麼事，我會全力以赴。然而，這種專心是要付出代價的，如同我的刀子意外所顯示的，我可能會極度陷入手邊的事情，不等到做完（或快要做完）絕不罷休。這種專注是由興趣所驅動的，當我對某件事有興趣時，做起來毫不費力；若是沒有興趣，我便一再拖延，又叫又踢。即便如此，我也只會敷衍了事，有做就好。

我還是小孩的時候，我媽便學會，與其勉強我去做必須做的事，讓我對那件事產生興趣還來得容易些。感興趣的話，我不僅會去做，而且會做得很好。等到我二十幾歲，媽媽不再盯著我，而每當我有必須去做、卻不感興趣的事情，我就會設法讓自己分心。

觸發點：寫報告的最後期限

行爲：（再次）瀏覽《紐約時報》網站

結果：顧著看新聞，不做工作

這些年來，隨著我練習冥想、研究神經科學、開始跟病患諮商，我對自己心理的運作有了很多認識。我逐漸明白，拖延是多麼不具獎勵性，我也開始理解我愛拖延的原因。舉例來說，我必須寫一篇科學評論報告，因爲「那對我的職業生涯有益」，我坐下來後，便注意到胃裡出現一大球滾燙扭動的畏縮退卻。我迅速明白，最好的止痛藥是瀏覽《紐約時報》網站，以確保從上次我看新聞之後天下仍然太平（五分鐘之前）。下列是一個從醫師、病人到行銷公司都知道的簡單配方：

觸發點：疼痛

行爲：服用止痛藥

結果：緩解疼痛

我花了好一陣子才明白，我的胃痛大半來自於對論文主題不甚了解，因而不知從何下筆。不夠了解主題，使我面對兩個不愉快的選項：（一）呆坐著、胃痛、瞪著電腦螢幕上沒寫完的報告；或是（二）再次瀏覽《紐約時報》網站。一旦我明白自己的習慣迴圈沒有幫助之後，我學到假如我先做好研究、再坐下來寫，我亂逛網站的行爲便會減少，寫作行爲隨之增加。

此時，我想通了讓這整個程序噴射加速的一件事：**實際體驗**。

以下是我對抗拖延的止痛配方：興趣＋知識＋體驗＝享受寫作＋好作品＝心流（flow）。*

換句話說，如果我可以找到一個感興趣的主題，確保自己對於主題有足夠的了解、可以擊敗胃部收縮，我便能寫論文，並樂在其中。例如，我對於覺察和幫助人們改變習慣**感興趣**。這些年來，我學習並蒐集越來越多關於獎勵型學習和神經科學的**知識**，同時經由自己的冥想練習、在醫院工作與設計治療方法而獲得**體驗**。當我結合這一切後，不但可以坐下來寫作，還能**享受**這項過程。

我是在二〇一三年一個命中注定的星期六早晨想出這個配方的。那是一個晴朗冷冽的冬日早晨，我一大早便下樓，有一種我需要寫些什麼的奇妙感覺。我拿起資料，在餐桌坐

---

* 亦被稱為「化境」（in the zone）。「心流」這種心理狀態是指一個人完全沉浸於一項活動，經歷一種令人振奮的專注感受，完全投入並陶醉其中。

下，打開筆電，過了不間斷的三個小時後，一篇論文完成了，題爲：〈爲什麼專心如此困難，眞是如此嗎？覺察：醒悟與獎勵型學習的要素〉（*Why Is It So Hard to Pay Attention, or Is It? Mindfulness, the Factors of Awakening and Reward-Based Learning*）。我在此說的「完成」，是指「完全結束」。

通常來說，同儕審查（peer-reviewed）論文需要大量修改，與審查者就細節來回溝通；這篇卻不是如此。我把報告寄給兩名可能的共同撰寫者，以確定內容無誤，而且幾乎無須編輯，便提交發表申請（在極少的建議修改之下就被接受——這在科學論文發表程序中是不常見的）。回顧這項經歷，我明白這一切都是水到渠成，因爲我已經練習、研究和教導這個主題夠久的時間，論文已進入過飽和溶液的階段，只需要一個晶種（seed crystal），便能觸發結晶的連鎖反應。對我而言，晶種就是最近跟某人的對話，我們聊起覺察與獎勵型學習是如何相輔相成。

我已經接觸過心流的概念和體驗，卻從不明白我可能在寫作時感受到心流。就像任何優秀的科學家一樣，我進行測試，想看看這項實驗是否能重複。我從一些前導研究開始著手（報告、部落格之類的），接著展開大型決定性實驗：我能否在心流之中寫作一整本書？

我檢查了自己是否有適當的背景：

一、興趣：我對於寫作一本有關覺察與成癮的科學書籍感興趣。

二、知識：我已研究覺察將近二十年，研究成癮將近十年。

三、體驗：我已練習覺察將近二十年，治療成癮症患者大約九年。

既然萬事俱備，我便設定適合的條件：

一、食物

二、沒有分心的事物

三、心理按摩

我認爲，爲了讓自己最有可能在心流之下寫一本書，我不能餓肚子，或者很輕易就能瀏覽《紐約時報》網站等事物。我需要的是，當我的胃開始因爲「接下來該寫什麼」的作家陣痛而收縮時，能夠按摩胃部灼熱感的東西。

於是，在二〇一五年十二月底，我在自宅進行爲期兩週的閉關冥想，並設定好這些條件——關閉所有科技產品；除了貓以外，沒有人能打擾我。我的妻子同意協助這項「實驗」，她到西岸去探親度假。在開始前，我烹煮並冷凍了足夠的食物，以便我在飢餓時可以隨手把食物放進微波爐裡加熱。

在準備好一切之後，我給自己簡單的指示：坐下、走動、寫作、重複，但只在心流之下寫作。我會做平常的冥想活動，練習許多坐著與走動的冥想，只在有靈感時坐下來寫作。最重要的是，假如我感受到絲毫分心，便立刻停止寫作，回去冥想，因爲那表示我已脫離心流、陷入掙扎之中。（我的目標是，藉由冥想來按摩我的寫作陣痛。）

兩週後，我的第一本書《渴求的心靈》（*The Craving Mind*）完成初稿了。實驗成功了！我的假設獲得證實，那眞是一項令人享受的過程。不過，能夠重複才是科學的標誌；你必須重複一項實驗以證明它是否爲眞。

於是，在二〇一九年十二月底，我的妻子又飛去西岸探親度假，留下我和貓咪們閉關修行。（看到了嗎？我甚至維持相同的月分、貓咪和其他一切，以免混淆實驗。）我只打算閉關九天，並沒有刻意想要寫一本書——我想要設計一組消費者導向的卡牌，依據三檔模式，利用簡短練習來改變習慣——因此，這不是一個完美複製的實驗，但也夠好了。

我在剛開始修行的三天半時間內都是坐著或走路，一點都不想寫作。每當「我該不該寫些什麼？」的念頭浮現，胃痛便跟著出現。因此，我繼續走路和坐著。然後，翌日早晨，正好是十二月二十四日星期二，那天我沒有感到胃痛，便坐下來看看會有什麼情況。我不確定自己是否準備好寫些什麼，所以我只是把水龍頭稍微打開一點點。畢竟，不過是一疊卡牌而已，也不是一本書，沒什麼大不了。然而，系統深處必然積壓了什麼壓力，因爲來自我的體驗與以往寫作的點點滴滴，在我的電腦螢幕上泉湧而出。等到二〇一九年十二月三十日星期一，七天後，我已完成本書最後一章。*

這能算是一種複製實驗嗎？

它確實顯示，上述等式裡的「興趣＋知識＋體驗＝享受寫作＝心流」是對的。對我來說，這項體驗還是令我感到很享受。唯有時間可以判斷那個等式的最後部分也沒有相差太遠。

* 實際上，到了最後，本章成為倒數第二章，因為我在最前頭加了新的一章，記錄新冠疫情的瘋狂；又因為喬治·佛洛伊德（George Floyd）被殺之後所揭露的真相，寫了結尾的最後一章，不過與原先預計的也沒有相差太遠。

——好作品，是否屬實。在你繼續你的旅程時，那個部分將由你來決定。如果你覺得你需要比這三檔更多的東西，才能建立「你做得到」的實證信心——或許你希望找到讓你的焦慮永遠消失、或神奇地矯正其他習慣的魔藥——請老實問問你自己：「有多少非迪士尼的願望成眞了？」

如果你願意仰賴科學、相信自己的體驗，那麼僅僅是了解你的心理如何運作，並學習與你的心理共處，就能看到自己有了多少進展。請繼續建立你自己的信心，每次都建立一點點。

第23章

焦慮清醒

每週，我會共同主持一個線上直播團體，參加者通常是因爲焦慮和他們想要改變的其他習慣而感到困擾。多年以來，世界各地的人們透過 Zoom 視訊會議平台，與我、蘿蘋・波戴特（共同主持人）進行一小時的深度討論。秉持著電視實境秀的精神（眞的很眞實——但這是爲了幫助人們，而不是爲了收視率），我們並不是設定一個特定的智慧議題、站在高處傳授，反之，蘿蘋和我邀請參與者提出主題。然後，我們深入探討那些困擾他們、使他們困在其中的事，以及該怎麼做才能脫困。這使得我們的討論很眞實，不過，也讓蘿蘋和我繃緊神經，因爲我們永遠不知道誰會提出問題，或者他們想要討論什麼事。

這不像是團體心理治療，因爲很難想像一百五十多人同時在二維空間會是什麼情況。我們利用簡單的詢問方法，以了解他們的「問題」，在往返幾句之後，給予他們一項任務，像《不可能的任務》（*Mission Impossible*）那樣鼓勵他們：「這是你的任務，假如你選擇接受的話。」再告訴他們一些提示，請他們在接下來一週內試試。補充說明：我們設法在十分鐘內結束每則對話，才能盡量多觸及一些主題，並配合現代人注意力廣度（attention span）的限制，因爲人們手邊及生活中有太多令人分心的事物了。我們使用三個檔位作爲框架，給人們一個運作的架構，並協助觀眾按照敘述，親身從過程中學習。

某一週，一位看上去三十出頭的男士提出他正在掙扎的事情：他可以使用RAIN的「第三檔」練習或其他覺察工具，來幫助他在焦慮一出現時加以冷卻，可是，他無法想像接下來一整天都保持鎮靜。在確認自己能夠使用那項練習、且練習也確實有效之後，他立即開始擔憂未來。如他所說：「未來二十四小時該怎麼辦？」

他的困境讓我想起我的醫院病患——不是那些焦慮的人，而是那些想要保持清醒的人。我的許多患者都有加入戒酒無名會或其他的十二步驟計畫，以協助他們戒除對於化學物質或行爲的依賴。在戒酒無名會的過程中，你必須承認自己無法控制自己的行爲（以始於一九三〇年代的計畫而言，這具有革命性，扭轉了數世紀以來、哲學家宣稱意志力戰勝一切的說法），檢討過去的錯誤，修正那些錯誤，並幫助其他同樣正在受苦的人。或許，戒酒無名會最有名的口號是「一次一天」（one day at a time）。

當患者因爲數十年無法自制的飲酒習慣而來找我，他們幾乎無法想像清醒一個月會是什麼樣子。通常來說，他們甚至難以想像清醒一星期會是什麼樣子，因爲他們已養成另一種習慣，就是告訴自己明天會戒酒。他們向自己發誓，這是最後一杯酒，明天他們便會踏上清醒之路，一眼都不會回顧自己（以前）酗酒的生活。他們就像我那些想要抽最後一根菸或最後一次暴食冰淇淋的患者；明天將帶來允諾與安心，因爲今天壓力太大或者太像是火車失事了，所以他們值得一點點的沉溺。他們的心理說服了自己，雖然戒酒是他們能爲自己所做的最好、最仁慈的事，但今天喝些酒卻是他們**現在**能爲自己所做的最仁慈的事。（說句題外話，瑪莉．卡爾〔Mary Karr〕所著的回憶錄《重生之光》〔*Lit*〕美妙而生動地訴說了她酗酒的故事，並完美描述了「明天」的咒語。）

當然，等到明天來臨時，患者想喝酒的衝動會勝過昨晚的理智，忘記他們發誓再也不拿自己的肝去泡酒。他們會自問：「我說過那句話嗎？」啊，昨天到今天發生太多事了。事實上，今天早晨到下午便可能發生許多事。對血液裡酒精濃度下降而讓腦袋發癢、坐立難安的人來說，兩個小時不喝酒感覺像是永恆；這便是「一次一天」的由來。

一旦某人設法保持幾天清醒，「一次一天」的咒語便成爲救星。如果某人此刻清醒，而明天似乎遙不可及、大到無法一口吞下，他可以把它拆成一小口、一小口，不必維持一天，而是一小時、十分鐘，甚至一次一個片刻。當患者坐在診間裡，訴說著他們不可能在明天保持清醒，我會問：「那現在呢？你現在是清醒的。你覺得自己接下來五分鐘可以**不喝酒**嗎？」這當然是腦筋急轉彎的問題，因爲他們在我的診間裡，而且我不是在諮商結束時才問他們。

在他們思考我是否問了腦筋急轉彎的問題之後，他們通常會回答：「是的，我可以做到。」

「好的，那麼在你離開以後呢？你覺得自己在接下來一小時可以保持清醒嗎？」

有了應對技巧、諮商日期安排與支持者電話號碼的協助，我的患者大多可以做到。「一次一天」的一個關鍵層面——事實上，或許是其一切力量所在之處——在於它不指望太過遙遠的未來。要記得，我們的大腦討厭不確定性，一件事越是遙遠，「現在」到「屆時」之間便可能發生越多狀況。我的許多病人曾按著聖經發誓說，現在到明天之間，所有想像得到、會破壞清醒的事情都發生了。對他們的大腦而言，明天等於大量的不確定性。他們的大腦會開始想著「一千件事情之中，有哪件事可能出錯？」然後開始計算現在到睡覺前還有幾分鐘。然而，現在到接下來一小時之間，發生災難與失誤的可能性低很多，因此，他們通往清醒之路就更爲確定（而且也沒有那麼多分鐘）；現在到接下來五分鐘之間更是如此。確定性可以減少焦慮，因爲你不必擔憂寫在焦慮定義中的「不確定結果」。患者可以深呼吸，爲今天做規劃——因而做到「一次一天」。如果那感覺很嚇人，他們可以選擇一次一小時，甚至一次一個片刻。把這些片刻串連起來，便形成清醒的小時；把這些小時串連起來，便形成清醒的一天，以此類推。然而，這一切都始於一次一個片刻。

話說回來，那位讓我想起醫院患者的 Zoom 參與者，他按著聖經發誓說，他無法應對他的焦慮。他無法想像明天不焦慮，即便他現在可以保持鎮靜，因此，我向他解釋我的醫院患者是如何恢復清醒的。我說明道，他們不去思考明天，因爲那種「討厭的想法」會害他們陷入麻煩。等到他不斷點頭、表示他了解之後，我問他是否認爲自己可以採用相同原則去應對焦慮。他可以掌握一些「焦慮清醒」（anxiety sobriety）嗎？不是明天或今天下午，而是現在。他點頭表示可以。他知道他可以運用覺察技巧來澆熄焦慮五分鐘；最重要的是，他明白，想到明天會焦慮，會使他現在就焦慮，而他可以在這一刻跨出那個迴圈。因此，我在他離開前給了他一個任務（他選擇接受任務）：掌握一些焦慮清醒，不是明天，而是現在。如果你發現自己正在擔心明天，便發揮覺察技巧去注意那些未來想法，並從中跳脫出來。

對於焦慮的人（或者因任何習慣而困擾的人）而言，這是一個很重要的概念。過去的行爲，確實可能是未來行爲的最佳預測指標（因此是習慣資訊），然而，持續或改變那種習慣軌跡的可能性，取決於我們現在做的事，而不是以前做的事。雖然聽起來很老套，但我們只活在當下。如同製作一條串珠項鍊，時間的概念就是把前一秒的「這一刻」和現在的「這一刻」串起來。等到這一刻的珠子被推到過去，項鍊就越來越長，串起我們的人生故事。以這種方式，我們也在展望未來，尋找我們可能放入項鍊中的珠子。基於過去的經驗，我們的大腦預期接下來可能會發生的事。然而，此刻我們只能往前看，因爲未來完全在我們心裡。換句話說，我們此刻，也就是現在，便在想著（並且往往擔憂）未來。正如音樂家蘭迪．阿姆斯壯（Randy Armstrong）所說：「擔憂不會帶走明日的煩惱，而是帶走今日的和平。」

沒錯，我們只擁有現在。我們利用此刻的方式，將會成爲我們放入項鍊中的珠子。過去預測了現在的未來。這很重要，所以我再說一遍：我們現在做的事，會決定我們的人生路途。如果我們現在很焦慮，便製作了一顆焦慮的珠子；假如我們時常這麼做，便會做出一條焦慮項鍊（有時自豪地戴著），所到之處都帶著走。要是此刻我們跨出焦慮的習慣迴圈，便不會在項鍊中加上那顆珠子，反而有機會加入另一顆珠子；我們可以製作一條好奇的項鍊或是仁慈的項鍊。有了這些更大、更好的機會，我們便能取下舊項鍊。

走向極端的極端主義

我是一個極端分子。

我的妻子取笑我只有兩種速度：快速及關機。就像先前提到我還是小孩時的刀子意外，我有一種把事情做到極致的傾向。六歲時，我想要當牛仔，我穿著牛仔靴，皮套插著一把玩具槍，繫著領巾，戴一頂牛仔帽去上團體小提琴課，因爲我想要做個牛仔。讀小學時，我試圖在校車上做完所有功課，這樣才能在下車後，把精力拿去做重要的活動，例如在森林裡嬉遊。數年後，我在送報紙時挑戰自我，看自己能把報紙捲到多小、再用橡皮筋紮起來（我送報的客戶們很頭痛），以及可以多快送完報紙。高中時，我進行無糖飲食（以增進我的運動表現），當同學們大啖冰淇淋與其他甜食時，我數著「甜食清醒」的日子。這一連串故事，或許可用我讀研究所時最喜歡的一句話來做精彩總結：「要麼放手去做，不然乾脆別做。」如果可以兼得的話，爲什麼只念一個醫學博士或哲學博士呢？

回想起來，我會將之歸結爲熱情與專注。不過，其實這是我們大腦運作的案例之一：大腦覺得某件事具獎勵性，便一而再、再而三去做。這沒什麼關係——直到有關係爲止。我們的生存動力可同時被視爲好處與限制：獎勵型學習讓人類陷入不太適合生存的情況。

雖然我們這些神經科學家對於人腦運作的了解還很膚淺，但我們人類的生存機制，不會在近期內經由達爾文方式被篩選而淘汰。如果我把自己當成個案研究，或是更廣泛地去檢視，極端主義的研究也絕對算不上一門眞實科學。然而，很顯然地，人們使用學習綁鞋帶的相同學習機制，從而變成極端分子：就像走路時不要被絆倒一樣，某些行爲會減輕疼痛，因而得到增強，直到我們無法想像還有其他方式。事實上，一項龐大的社會實驗正在進行當中（未經我們簽署加入研究的同意書）：每當我們上社群媒體或新聞網站，演算法便利用我們的點擊偏好，挑選要推送給我們看的東西；我們在不知不覺中支持了客製化與電腦策劃的內容，在熟悉之後，又增強了我們日後點擊的偏好度。

我們點擊的次數越多，就越可能養成極端看法，原因正是必須思考事情或者考慮一些事實或觀點，會讓人感到模糊不安，那還不如看法相同或單一觀點的團體感（黑與白幾乎沒有不確定性，勝過各種灰色）。有一個簡單案例是，社群媒體上的回饋兩極化、大量按讚與轉推的數量，相對於跟人對話時，判讀肢體語言與詮釋音調的複雜模糊性。難怪我們看到青少年並肩而坐，卻用手機在溝通，因爲不確定性太可怕了。

然而，團體確定感與安全感是要付出極大代價的，不僅是極端看法會被增強，同時也遮蔽了我們對他人感受與行動的看法。種族歧視、性別歧視和階級歧視都有嚴重代價：它們對「非我族類」的人們造成壓力、焦慮和創傷。

不過，有關對於生存至關重要的學習，達爾文提出一項有趣的觀察，而不只是進化論的一項註腳而已。進化論可以被言簡意賅地寫成一則推文：「適者生存。」但達爾文注意到，有一件比爭奪支配權更爲複雜的事，才是我們的生存動力。在《人類的由來及性選擇》（*The Descent of Man and Selection in Relation to Sex*）一書中，他寫道：「富有憐憫心的成員人數最多的社群，將最爲繁榮，繁衍的後代子孫數量最多。」[67]這可被視爲仁慈戰勝卑劣，即便就生存而言。我們可以將這種看法推向極端嗎？

二〇〇四年，加州大學柏克萊分校研究員兼至善科學中心（Greater Good Science Center）創辦人達徹．克特納（Dacher Keltner），發表了一篇文章，題爲〈同情的本能〉（*The Compassionate Instinct*），總結了支持同情具有生物基礎的大量研究。[68]其中的範例，包括母親們看著自己嬰兒的照片時，與正面情感相關的大腦區域便會亮起來，當研究對象想到他人受到傷害時，類似的區域也會亮起來。克特納的結論指出：「這種一致性強烈顯示，同情不只是一種易變或不理性的情感，而是人類與生俱來的反應，深植於我們的大腦之中。」然而，我們尚未看到生存與同情有關的連結：如果獎勵價值會驅動行爲，它與利社會行爲（prosocial behavior）之間的關聯是什麼？此外，這如何解釋極端主義？

我想要知道情感狀態與獎勵價值之間的連結有多麼密切，於是我的實驗室設計了一項實驗，請世界各地的人們排列自己對十四種不同心理狀態的喜好程度——喜好度是獎勵價值的標記，因爲我們天生喜好更具獎勵性的行爲與狀態。在收集數百份簡短線上測驗回答的資料之後，我們發現，人們一致明顯偏好感覺仁慈、好奇等心理狀態，以及對於感覺焦慮、恐懼和憤怒等狀態有所體會。這些結果符合了哲學論證所指出的，注意到卑劣與仁慈之間的感受差異，更能爲道德舉止提供有力基礎，勝過康德（Kant）與休謨（Hume）等人的理性理論。（我在《渴求的心靈》中有一整章都在談「學習表現卑劣與仁善」，很高興現在有數據可支持。）

換句話說，雖然自以爲是的憤怒，在當下或許讓人覺得充滿力量，但仁慈比卑劣的感受更好、更有力量，尤其是當你看到這些相反的情緒造成的行動及其後果（例如，在一場「仁慈的暴動」當中，沒有建物遭焚燬或者人員受傷）。林肯（Abraham Lincoln）有一次被問及他的信念，他精闢地回答：「當我做好事，我感覺很好。當我做壞事，我感覺很糟。那便是我的信仰。」如果誠實的林肯今日仍然健在，他可能會在回應外界的刻薄諷刺時發出那則推文，他會總結我的實驗室研究，而且不會超過推文的字數限制。或許他還會加上一個標籤，例如：#察覺令人無法仇恨。

我們回到「研究便是自我追尋」的老話。我的實驗室研究結果亦完全符合我自己的體驗：我以慘痛方式學到，批評與憤怒不僅讓我痛苦，也會對我發洩情緒的人帶來痛苦。事實上，如果麥爾坎·葛拉威爾（Malcolm Gladwell）的一萬小時練習法則有任何依據的話，我在大學畢業之前，便已成爲批評別人的專家了。在我自己實施的「憤怒康復」冥想練習中，我明確學到，仁慈每次都會戰勝卑劣；它絕對是更大、更好的機會。

如果這聽起來像極端主義，那麼我同意。你瞧，跟我的患者及計畫參與者一樣，他們確實感受到香菸味道像糞便，暴食比吃飽就好的感受糟很多，好奇心可以踹走焦慮（當然是以和善的方式）；我現在就是個仁慈極端分子。換句話說，在我完全的察覺之下，我無法強迫自己去刻意惡劣對待他人。爲什麼？因爲想像我的行爲會帶來的結果（亦即對別人很惡劣），便造成我的胃痛。光是想像去做便感覺糟糕。我的大腦對惡劣完全幻滅，全力支持仁慈。沒錯，聽起來很極端，但請相信我，我寧可對仁慈成癮，而不是對古柯鹼上癮。達爾文是對的。

在極端主義的世界裡，無論是政治或意識型態，在涉及到生存時，我主持仁慈主義，而不是種族主義、性別主義或部落主義。我想，我們看過的仇恨與暴力多到足以持續好幾輩子。即使我成長時不是很富裕，由單親媽媽在印地安那州扶養長大，而我的性別與膚色保護我不遭受他人每日遭遇的情況，無論是欺負、敵視或公然傷害。如同馬丁．路德．金恩博士在伯明罕監獄所寫的信（一九六三年）：「問題不在於我們是否會成為極端分子，而是我們將成為何種極端分子。我們會是仇恨的極端分子，或是愛的極端分子？我們會是維護不義的極端分子，或是延續正義的極端分子？」[69]

在這個為極端所設計、且越來越趨於極端的世界裡，我高喊著「誰支持我?!」以呼應馬丁．路德．金恩和其他許多人想要貫穿我們厚重頭骨的話：動動你們的大腦。你要當哪種極端分子？你可以利用好奇與仁慈的內在能力去打造更美好的生活與世界嗎？抑或你會被恐懼與自私的浪潮捲走？如果你不想被沖進大海，睡醒時徒留淚痕（無論自知或不自知），要記得，你可以運用察覺與注意自己的行動後果，作為定錨。你已擁有打造速度與動能所必需的各種認知與工具，可幫助你緩解焦慮，並邁向更快樂、更仁慈、與人建立更多連結的人生旅程。

後記

六年與五分鐘

二〇一三年，我受邀在TED演講上發表關於心流的演說。我在維吉尼亞州亞歷山卓市一間雅緻的一九二〇年代風格劇院發表演講，就在華盛頓特區對面，越過波多馬克河的另一邊。演講很順利（我覺得自己在演講時陷入心流狀態，所以感覺真的很棒！），但讓人驚喜的巧合是，我的團隊正好完成了我們的「渴望戒菸」手機應用程式的初期版本。我們已經研發很久了，而當時使用應用程式來進行覺察訓練是一種非常新穎的概念，我非常希望有人能嘗試看看它是否有效。從我第一次接觸到覺察，到現在已過了將近二十年，我們有了一個可以幫助許多人的東西——幾乎每個人都擁有智慧型手機。說得委婉一點，我的手機都快要把我的口袋燒破一個洞了。

由於我就在首都附近，所以我去拜訪了提姆·瑞安（Tim Ryan），俄亥俄州第十三選區的國會議員。他是一個親切的人，也是知名的覺察提倡者（他寫了一本名為《覺察國度》〔*A Mindful Nation*〕的書），沒有比他更適合討論以低成本的方式提升國家醫療系統的人選了。

我和提姆的年紀只差了四個月，我們是在前一年的一場冥想科學研究會議的派對上認識的。我抵達他的辦公室後，他帶領我進去，馬上就開始詢問我關於最新研究的新資訊。提姆讓我印象很深刻的是，在對某件事情表達支持之前，他非常渴望事先了解背後的事實與科學。

在我們談話時，我提到我們最近關於覺察與戒菸的研究，還有我們開發了一款手機應用程式，用數位的方式進行訓練。我拿出我的手機，展示應用程式的功能給他看。他顯得很驚訝，然後突然打斷了我。他站起身大喊，叫某位年輕員工從另一個房間過來：「嘿，麥可，過來這裡！」我只能想像，作為國會議員幕僚隨時「待命」的情況。麥可走了進來，看起來並不知道發生了什麼事。「你有在抽菸，對吧？」提姆問道——比起問句，聽起來更像命令。麥可猶豫且輕聲地回答：「有。」「你不需要戒菸，但你用用看這個應用程式，看好不好用。」提姆下達指示後，就立刻讓他離開了。麥可點了點頭，看起來有點困惑，他離開房間，等待進一步的說明。

當天下午，我在搭火車回家的途中，寫了一封電子郵件給麥可，「感謝你自願（或者被國會議員瑞安強迫自願）幫助我們測試『渴望戒菸』應用程式」，並告訴他該如何開始參加計畫。兩天後，他開始加入計畫。下一週，他寫了一封電子郵件給我，跟我說他最近的進度。他最後寫道：「謝謝你給我這個機會，我原本沒有打算要戒菸，但現在我參加了這個計畫，我認為現在就是最好的時機。」下一個月，我收到麥可寄來的電子郵件：「我剛開始參加這個計畫時，是抱持著懷疑態度，但我幾乎馬上就感受到它的好處。我以前每天要抽十支菸，如果沒有帶上一包菸和打火機，我幾乎不敢出門；二十一天後，我已經完全不抽菸了。要不是『渴望戒菸』應用程式，我絕對不可能做到。」我讀到這裡的時候，眼淚已經從臉上滑落。我太太問我怎麼了，我結結巴巴地說：「這可能真的有用。」

一年後，安德森．古柏（Anderson Cooper）來到我位於正念中心的研究室，錄製哥倫比亞廣播公司的節目《60分鐘》（*60 Minutes*），他剛剛才訪問完國會議員瑞安。我向節目製作人丹妮絲．賽塔（Denise Cetta）詢問關於麥可的事。沒錯，她記得他，而且她提到，他說自己現在仍然沒有抽菸。

太棒了。

二〇一九年秋天，我和提姆在一場會議上進行對談。就在我要起身發言的時候，提姆靠過來，在我耳邊小聲地說：「嘿，你還記得我那個戒菸的員工嗎？」

「當然記得囉。」

「他現在還是沒有吸菸。」提姆說，臉上帶著一抹大大的微笑。

哇，六年了，在一次五分鐘的談話過後，一個「被迫自願」嘗試覺察的人成功戒菸了。

眞的很棒。我愛我的工作。

回饋

就像任何一個擁有大腦的人一樣，我也會從回饋當中學習。我試著如實撰寫我的實驗室科學與我的醫院工作結合起來的簡單方法（藉由面對面，還有透過手機應用程式的數位治療）。請不吝透過電子郵件向我提供你的回饋，你可以在 www.drjud.com 找到我的聯絡方式。我很希望能得知任何我沒想到、想錯了，或者能做得更好的地方。如果能跟我說說你喜歡、或者覺得有幫助的地方，也很棒。這對我來說是一個持續學習的過程，當我學得越多，就能爲人們做出越好的工具。

致謝

如果你翻到本書最前面的獻詞，你會看到我將本書獻給名叫「亞馬遜成癮者」的某個人，我不知道這個人的眞實姓名，只知道她自稱是名女性。我會知道這件事，是因爲她在亞馬遜網站對我的第一本書《渴求的心靈》給了三顆星的評論，其評論的標題是「刻意保留資訊」。

那麼，我爲什麼要把本書獻給她，而不是我的妻子，或者至少是我知道姓名的人？（我的妻子是位傑出的學者，有著一顆想要把世界變得更好的眞心，也是我最好的朋友。她不需要我爲了證明我有多愛她，而把一本書獻給她。）

亞馬遜成癮者爲她的書評設定了一個吸睛的標題，不過，更重要的是，如同許多網路上的東西一樣，或許是無心張貼上去的，卻有了自己的生命；她的書評得到許多「讚」，上了該網站書評的榜首。由於這個尊貴的地位，它可能永遠被置頂。這提醒著我，這個宇宙有一種幽默感。她寫道：

作者討論了對於渴求的研究，本書極爲出色。作者是讀過研究所等級神經科學課程的人，又花了一些時間「在坐墊上」（冥想），這是一本出色的書。然而，它在一個重要層面上很令人失望，很遺憾我無法推薦。重要的問題是，它未能實現書名的後半段：「我們如何戒除壞習慣」……作者是個眞正有愛心的人，令我不解的是，他並未將他畢生研究所帶來的幫助提供給人們。

亞馬遜成癮者的評論，像是一記我沒有看到的重擊或側踢。我誤以爲人們讀過《渴求的心靈》之後，便能把概念運用在自身生活上，擺脫習慣與成癮。雖然我收到人們讀完《渴求的心靈》之後能夠戒掉多年成癮、所寄來的一些電子郵件，但亞馬遜成癮者讓我領悟到，大多數人需要的不只是一張地圖與指南針；他們需要一名嚮導。當時寫第一本書的時候，我尚未準備好擔任嚮導，我還沒有從事成癮症精神科醫師的充足經驗，也沒有進行你在之前章節看過的研究。（《渴求的心靈》主要專注於我們成癮的各種不同方式，以及覺察如何發揮幫助的神經科學。）這些年來，看到那則書評穩居榜首，必然潛意識地在我腦中留下印象，就像你的汽車上的某個小凹痕，會觸發你每看到一次、便憶起那個「凹痕時刻」，然後促使你用手去擦，彷彿這種舉動可以奇蹟似地消除凹痕。在萬事俱備之下，我腦中的那個凹痕變成本書的晶種。所以，謝謝妳的那一記側踢，亞馬遜成癮者，不論妳是誰。

我永遠虧欠自願參與我的實驗室研究的許多人，以及現在與以前的實驗室員工，他們有著把世界變美好的共同願景，因而組成一支卓越團隊來執行我們的研究，包括 Alex(andra) Roy、Prasanta Pal、Veronique Taylor、Isabelle Moseley、Bill Nardi、Shufang Sun、Vera Ludwig、Lindsey Krill、May Gao、Remko van Lutterveld、Susan Druker、Edith Bonnin、Alana Deluty、Pablo Abrante、Katie Garrison 等人。我的患者一直是給我啟發與謙遜的來源，他們教給我的精神醫學的執業與醫學，多過任何教科書。

特別感謝我的主編 Caroline Sutton，在敏銳的觀察之下，建議將焦慮作爲本書的核心焦點，以及 Luke Dempsey 運用蘇格拉底式編輯方法，讓我的寫作更上層樓。Josh Roman 多年來高明地指點我塑造觀念及表達的方式，許多都已成爲本書的章節內容。Caitlin Stulberg 細心地發現本書不清晰之處，並擔任總審稿人。

我要感謝我的妻子 Mahri Leonard-Fleckman，她不但是我所能想像的最佳人生伴侶，並提出「鬆綁焦慮」（unwinding anxiety）一詞。我亦虧欠我的作家經紀人 Melissa Flashman 對於宣傳的大力幫忙。

我十分幸運能夠與 Robin Boudette 和 Jacqui Barnett 密切合作，幫助人們克服無益的習慣、發掘好奇與慈愛的內在超能力，我們的共事令我獲益匪淺。我想要感謝 Rob Suhoza，我們幾次極具啟發性的對談，讓一些概念在本書中栩栩如生。我與 Coleman Lindsley 一同登山與騎自行車，幫助我領悟並表達我的人生態度（有一次在瓦爾登湖畔的散步尤其有益，讓我思索了壓力與焦慮的相似及差異）。

有一些人不僅主動閱讀本書的各份草稿，還細心提出評語與建議，包括 Alice Brewer、Vivienne Keegan、Mark Mitchnick、Michael Irish、Brad Stulberg、Kevin Hawkins、Amy Burke、Michaella Baker、Abigail Tisch、Mitch Abblett、Jennifer Banks、Leigh Brasington、Jaime Mello，以及我或許不慎忘記提及的其他人。

我想要感謝 Julia Miroshnichenko 繪製本書的圖表。

Smartphones to Love—Why We Get Hooked and How We Can Break Bad Habits (New Haven, CT: Yale University Press, 2017); K. A. Garrison et al., "BOLD Signal and Functional Connectivity Associated with Loving Kindness Meditation." *Brain and Behavior* 4, no. 3 (2014); doi: 10.1002/brb3.219.

64. C. Darwin, *The Expression of the Emotions in Man and Animals* (New York: Oxford University Press, 1998).
65. D. H. Lee, J. M. Susskind, and A. K. Anderson, "Social Transmission of the Sensory Benefits of Eye Widening in Fear Expressions." *Psychological Science* 24, no. 6 (2013): 957–65; doi: 10.1177/0956797612464500.
66. American Psychiatric Association, *Diagnostic and Statistical Manual of Mental Disorders (DSM-5)* (Washington, D.C.: American Psychiatric Association Publishing, 2013).
67. C. Darwin, *The Descent of Man and Selection in Relation to Sex*, vol. 1 (New York: D. Appleton, 1896), 72.
68. D. Keltner, "The Compassionate Instinct." *Greater Good Magazine*, March 1, 2004.
69. *Diagnostic and Statistical Manual of Mental Disorders (DSM-5)*. Dr. Martin Luther King Jr., "Letter from Birmingham Jail," https://www.africa.upenn.edu/Articles_Gen/Letter_Birmingham.html.

（注釋請從第 333 頁開始翻閱）

56. K. A. Garrison et al., "Effortless Awareness: Using Real Time Neurofeedback to Investigate Correlates of Posterior Cingulate Cortex Activity in Meditators' Self-Report." *Frontiers in Human Neuroscience* 7 (2013): 440; doi: 10.3389/fnhum.2013.00440.
57. W. Neuman, "How Long Till Next Train? The Answer Is Up in Lights." *New York Times*, February 17, 2007.
58. Transcript from an interview with Leon Lederman by Joanna Rose, December 7, 2001; https://www.nobelprize.org/prizes/physics/1988/lederman/26243-interview-transcript-1988-3.
59. J. A. Litman and P. J. Silvia, "The Latent Structure of Trait Curiosity: Evidence for Interest and Deprivation Curiosity Dimensions." *Journal of Personality Assessment* 86, no. 3 (2006): 318–28; doi: 10.1207/s15327752jpa8603_07.
60. M. J. Gruber, B. D. Gelman, and C. Ranganath, "States of Curiosity Modulate Hippocampus-Dependent Learning Via the Dopaminergic Circuit." *Neuron* 84, no. 2 (2014): 486–96; doi: 10.1016/j.neuron.2014.08.060.
61. T. C. Blanchard, B. Y. Hayden, and E. S. Bromberg-Martin, "Orbitofrontal Cortex Uses Distinct Codes for Different Choice Attributes in Decisions Motivated by Curiosity." *Neuron* 85, no. 3 (2015): 602–14; doi: 10.1016/ j.neuron.2014.12.050.
62. Albert Einstein, "Old Man's Advice to Youth: 'Never Lose a Holy Curiosity.' " Life, May 2, 1955, p. 64.
63. J. A. Brewer, *The Craving Mind: From Cigarettes to*

Control Research."

52. M. Moss, "The Extraordinary Science of Addictive Junk Food." *New York Times Magazine*, February 20, 2013; https://www.nytimes.com/2013/02/24/magazine/the-extraordinary-science-of-junk- food.html.

53. O. Solon, "Ex-Facebook President Sean Parker: Site Made to Exploit Human 'Vulnerability.' " *The Guardian*, November 9, 2017; https://www.theguardian.com/technology/2017/nov/09/facebook-sean-parker-vulnerability-brain-psychology.

54. A. F. T. Arnsten, "Stress Weakens Prefrontal Networks: Molecular Insults to Higher Cognition." *Nature Neuroscience* 18, no. 10 (2015): 1376–85; doi: 10.1038/ nn.4087; A. F. T. Arnsten, "Stress Signalling Pathways That Impair Prefrontal Cortex Structure and Function." *Nature Reviews Neuroscience* 10 (2009): 410–22; doi: 10.1038/nrn2648.

55. J. A. Brewer, "Feeling Is Believing: The Convergence of Buddhist Theory and Modern Scientific Evidence Supporting How Self Is Formed and Perpetuated Through Feeling Tone (*Vedanā*)." *Contemporary Buddhism* 19, no. 1 (2018): 113–26; doi: 10.1080/ 14639947.2018.1443553; J. A. Brewer, "Mindfulness Training for Addictions: Has Neuroscience Revealed a Brain Hack by Which Awareness Subverts the Addictive Process?" *Current Opinion in Psychology* 28 (2019): 198–203; doi: 10.1016/ j.copsyc.2019.01.014.

York: Appleton-Century- Crofts: 1972), 64–99.

47. V. Taylor et al., "Awareness Drives Changes in Reward Value and Predicts Behavior Change: Probing Reinforcement Learning Using Experience Sampling from Mobile Mindfulness Training for Maladaptive Eating," in press.

48. A. E. Mason et al., "Testing a Mobile Mindful Eating Intervention Targeting Craving-Related Eating: Feasibility and Proof of Concept." *Journal of Behavioral Medicine* 41, no. 2 (2018): 160–73; doi: 10.1007/ s10865- 017-9884-5; V. U. Ludwig, K. W. Brown, and J. A. Brewer. "Self- Regulation Without Force: Can Awareness Leverage Reward to Drive Behavior Change?" *Perspectives on Psychological Science* (2020); doi: 10.1177/ 1745 691620931 460; A. C. Janes et al., "Quitting Starts in the Brain: A Randomized Controlled Trial of App-Based Mindfulness Shows Decreases in Neural Responses to Smoking Cues That Predict Reductions in Smoking." *Neuropsychopharmacology* 44 (2019): 1631–38; doi: 10.1038/s41386-019-0403-y.

49. W. Hofmann and L. Van Dillen, "Desire: The New Hot Spot in Self-Control Research." *Current Directions in Psychological Science* 21, no. 5 (2012): 317–22; doi: 10.1177/0963721412453587.

50. Wikipedia, "Cognitive Behavioral Therapy," https://en.wikipedia.org/wiki/Cognitive_behavioral_therapy.

51. Hofmann and Van Dillen, "Desire: The New Hot Spot in Self-

42. D. M. Small et al., "Changes in Brain Activity Related to Eating Chocolate: From Pleasure to Aversion." *Brain* 124, no. 9 (2001): 1720–33; doi: 10.1093/ brain/124.9.1720.

43. A. L. Beccia et al. "Women's Experiences with a Mindful Eating Program for Binge and Emotional Eating: A Qualitative Investigation into the Process of Behavioral Change." *Journal of Alternative and Complementary Medicine*, online ahead of print July 14, 2020; doi: 10.1089/acm.2019.0318.

44. J. A. Brewer et al., "Can Mindfulness Address Maladaptive Eating Behaviors? Why Traditional Diet Plans Fail and How New Mechanistic Insights May Lead to Novel Interventions." *Frontiers in Psychology* 9 (2018): 1418; doi: 10.3389/ fpsyg.2018.01418.

45. P. Lally et al., "How Are Habits Formed: Modelling Habit Formation in the Real World." *European Journal of Social Psychology* 40, no. 6 (2010): 998–1009; doi: 10.1002/ejsp.674.

46. M. A. McDannald et al., "Model-Based Learning and the Contribution of the Orbitofrontal Cortex to the Model-Free World." *European Journal of Neuroscience* 35, no. 7 (2012): 991–96; doi: 10.1111/j.1460-9568.2011.07982.x; R. A. Rescorla and A. R. Wagner, "A Theory of Pavlovian Conditioning: Variations in the Effectiveness of Reinforcement and Nonreinforcement," in A. H. Black and W. F. Prokasy, eds., *Classical Conditioning II: Current Research and Theory* (New

(Onalaska, WA: BPS Pariyatti Publishing, 1991), 104.

36. S. E. Thanarajah et al., "Food Intake Recruits Orosensory and Post-Ingestive Dopaminergic Circuits to Affect Eating Desire in Humans." *Cell Metabolism* 29, no. 3 (2019): 695–706.e4; doi: 10.1016/j.cmet.2018.12.006.

37. M. L. Kringelbach and E. T. Rolls, "The Functional Neuroanatomy of the Human Orbitofrontal Cortex: Evidence from Neuroimaging and Neuropsychology." *Progress in Neurobiology* 72, no. 5 (2004): 341–72; doi: 10.1016/ j.pneurobio.2004.03.006; J. O'Doherty et al., "Abstract Reward and Punishment Representations in the Human Orbitofrontal Cortex." *Nature Neuroscience* 4, no. 1 (2001): 95–102; doi: 10.1038/82959.

38. M. L. Kringelbach, "The Human Orbitofrontal Cortex: Linking Reward to Hedonic Experience." *Nature Reviews Neuroscience* 6, no. 9 (2005): 691–702; doi: 10.1038/nrn1747.

39. J. A. Brewer, "Mindfulness Training for Addictions: Has Neuroscience Revealed a Brain Hack by Which Awareness Subverts the Addictive Process?" *Current Opinion in Psychology* 28 (2019): 198–203; doi: 10.1016/ j.copsyc.2019.01.014.

40. https://www.latimes.com/nation/nationnow/la-na-nn-marlboro-men-20140127-story.html

41. C. S. Dweck, *Mindset: The New Psychology of Success* (New York: Random House Digital, 2006), 179–80.

30. Y. Millgram et al., "Sad as a Matter of Choice? Emotion-Regulation Goals in Depression." *Psychological Science* 26, no. 8 (2015): 1216–28; doi: 10.1177/ 0956797615583295.
31. J. A. Brewer et al., "Meditation Experience Is Associated with Differences in Default Mode Network Activity and Connectivity." *Proceedings of the National Academy of Sciences of the United States of America* 108, no. 50 (2011): 20254–59; doi: 10.1073/ pnas.1112029108.
32. K. A. Garrison et al., "Effortless Awareness: Using Real Time Neurofeedback to Investigate Correlates of Posterior Cingulate Cortex Activity in Meditators' Self-Report." *Frontiers in Human Neuroscience* 7 (2013): 440; doi:10.3389/fnhum.2013.00440; K. A. Garrison et al., "Real- Time fMRI Links Subjective Experience with Brain Activity During Focused Attention." *Neuroimage* 81 (2013): 110–18; doi: 10.1016/j.neuroimage.2013.05.030.
33. A. C. Janes et al., "Quitting Starts in the Brain: A Randomized Controlled Trial of App-Based Mindfulness Shows Decreases in Neural Responses to Smoking Cues That Predict Reductions in Smoking." *Neuropsychopharmacology* 44 (2019): 1631–38; doi: 10.1038/s41386-019-0403-y.
34. N. T. Van Dam et al., "Development and Validation of the Behavioral Tendencies Questionnaire." *PLoS* One 10, no. 11 (2015): e0140867; doi: 10.1371/journal.pone.0140867.
35. B. Buddhaghosa, *The Path of Purification*, trans. B. Ñan. amoli

24. H. J. Eysenck, "A Dynamic Theory of Anxiety and Hysteria." *Journal of Mental Science* 101, no. 422 (1955): 28–51; doi: 10.1192/bjp.101.422.28.
25. P. L. Broadhurst, "Emotionality and the Yerkes-Dodson Law." *Journal of Experimental Psychology* 54, no. 5 (1957): 345–52; doi: 10.1037/h0049114.
26. L. A. Muse, S. G. Harris, and H. S. Feild, "Has the Inverted-U Theory of Stress and Job Performance Had a Fair Test?" *Human Performance* 16, no. 4 (2003): 349–64; doi: 10.1207/S15327043HUP1604_2.
27. M. A. Killingsworth and D. T. Gilbert, "A Wandering Mind Is an Unhappy Mind." *Science* 330, no. 6006 (2010): 932; doi: 10.1126/science.1192439.
28. M. E. Raichle et al., "A Default Mode of Brain Function." *Proceedings of the National Academy of Sciences of the United States of America* 98, no. 2 (2001): 676–82; doi: 10.1073/pnas.98.2.676.
29. J. A. Brewer, K. A. Garrison, and S. Whitfield-Gabrieli, "What About the 'Self ' Is Processed in the Posterior Cingulate Cortex?" *Frontiers in Human Neuroscience* 7 (2013): 647; doi: 10.3389/ fnhum.2013.00647; J. A. Brewer, *The Craving Mind: From Cigarettes to Smartphones to Love—Why We Get Hooked and How We Can Break Bad Habits* (New Haven, CT: Yale University Press, 2017).

Prefrontal Cortex Structure and Function." *Nature Reviews Neuroscience* 10, no. 6 (2009): 410–22; doi: 10.1038 / nrn2648; A. F. T. Arnsten, "Stress Weakens Prefrontal Networks: Molecular Insults to Higher Cognition." *Nature Neuroscience* 18, no. 10 (2015): 1376–85; doi: 10.1038/ nn.4087; A. F. T. Arnsten et al., "The Effects of Stress Exposure on Prefrontal Cortex: Translating Basic Research into Successful Treatments for Post-Traumatic Stress Disorder." *Neurobiology of Stress* 1 (2015): 89–99; doi: 10.1016/j.ynstr.2014.10.002.

20. B. M. Galla and A. L. Duckworth, "More Than Resisting Temptation: Beneficial Habits Mediate the Relationship Between Self-Control and Positive Life Outcomes." *Journal of Personality and Social Psychology* 109, no. 3 (2015): 508–25; doi: 10.1037/pspp0000026.
21. C. S. Dweck, *Mindset: The New Psychology of Success* (New York: Random House Digital, 2006).
22. J. A. Brewer et al. "Mindfulness Training for Smoking Cessation: Results from a Randomized Controlled Trial." *Drug and Alcohol Dependence* 119, no. 1–2 (2011): 72– 80; doi: 10.1016/j.drugalcdep.2011.05.027.
23. R. M. Yerkes and J. D. Dodson, "The Relation of Strength of Stimulus to Rapidity of Habit Formation." *Journal of Comparative Neurology and Psychology* 18, no. 5 (1908): 459–82; doi: 10.1002/cne.920180503.

的問題，解開壓力與生理、精神的糾纏關係！》（*Why Zebras Don't Get Ulcers*）。若想要了解這與創傷有何關係，並獲得一些安全釋放能量的實用技巧和工具，請參閱貝塞爾·范德寇（Bessel van der Kolk）所著的《心靈的傷，身體會記住》（*The Body Keeps the Score*）和瑞司馬·梅納克姆（Resmaa Menakem）所著的《我祖母的手》（*My Grandmother's Hands*，尚未有中譯版）。

14. A. Chernev, U. Böckenholt, and J. Goodman, "Choice Overload: A Conceptual Review and Meta-Analysis." *Journal of Consumer Psychology* 25, no. 2 (2015): 333–58; doi: 10.1016/ j.jcps.2014.08.002.
15. Y. L. A. Kwok, J. Gralton, and M.-L. McLaws, "Face Touching: A Frequent Habit That Has Implications for Hand Hygiene." *American Journal of Infection Control* 43, no. 2 (2015): 112–14; doi: 10.1016/ j.ajic.2014.10.015.
16. B. Resnick, "Why Willpower Is Overrated." *Vox*, January 2, 2020.
17. D. Engber, "Everything Is Crumbling." *Slate*, March 16, 2016.
18. M.Milyavskaya and M. Inzlicht, "What's So Great About Self-Control? Examining the Importance of Effortful Self-Control and Temptation in Predicting Real-Life Depletion and Goal Attainment." *Social Psychological and Personality Science* 8, no. 6 (2017): 603–11; doi: 10.1177/ 1948550616679237.
19. A. F. T. Arnsten, "Stress Signalling Pathways That Impair

10.1001/jamapsychiatry.2017.0056.
8. Y. Huang and N. Zhao, "Generalized Anxiety Disorder, Depressive Symptoms and Sleep Quality During COVID-19 Outbreak in China: A Web-Based Cross-Sectional Survey." *Psychiatry Research* 2020:112954; doi: 1.1016/j.psychres.2020.112954.
9. M. Pierce et al., "Mental Health Before and During the COVID-19 Pandemic: A Longitudinal Probability Sample Survey of the UK Population." *The Lancet Psychiatry*, July 21, 2020; doi: 10.1016/ S2215-0366(20)30308-4.
10. E. E. McGinty et al., "Psychological Distress and Loneliness Reported by US Adults in 2018 and April 2020." *JAMA* 324, no. 1 (2020): 93–94; doi: 10.1001/jama.2020.9740.
11. D. Vlahov et al., "Sustained Increased Consumption of Cigarettes, Alcohol, and Marijuana Among Manhattan Residents After September 11, 2001." *American Journal of Public Health* 94, no. 2 (2004): 253–54; doi: 10.2105/ ajph.94.2.253.
12. V. I. Agyapong et al., "Prevalence Rates and Predictors of Generalized Anxiety Disorder Symptoms in Residents of Fort McMurray Six Months After a Wildfire." *Frontiers in Psychiatry* 9 (2018): 345; doi: 10.3389/fpsyt.2018.00345.
13. 這值得更深入的討論，但超出了本書的範圍。如果你有興趣了解更多有關基礎科學的資訊，我會推薦羅伯·薩波斯基（Robert M. Sapolsky）所著的《壓力：你一輩子都必須面對

注釋

1. *The Letters of Thomas Jefferson* 1743–1826; https://www.let.rug.nl/usa/presidents/thomas-jefferson/letters-of-thomas-jefferson/jefl242.php.
2. T. Jefferson, *letter to John Homles*, April 22, 1820; T. Jefferson, *letter to Thomas Cooper, September 10*, 1814; T. Jefferson, *letter to William Short, September 8*, 1823.
3. Anxiety and Depression Association of America, "Managing Stress and Anxiety"; https://adaa.org/living-with-anxiety/managing-anxiety.
4. National Institute of Mental Health, "Any Anxiety Disorder," 2017; https://www.nimh.nih.gov/health/statistics/any-anxiety-disorder.shtml.
5. APA Public Opinion Poll, 2018; https://www.psychiatry.org/newsroom/apa-public-opinion-poll-annual-meeting-2018.
6. "By the Numbers: Our Stressed-Out Nation"; https://www.apa.org/monitor/2017/12/numbers.
7. A. M. Ruscio et al., "Cross-Sectional Comparison of the Epidemiology of DSM-5 Generalized Anxiety Disorder Across the Globe." *JAMA Psychiatry* 74, no. 5 (2017): 465–75; doi:

人生顧問 447

鬆綁你的焦慮習慣：善用好奇心打破擔憂與恐懼的迴圈，有效戒除壞習慣的實證法則

作　　者—賈德森．布魯爾（Judson Brewer）
譯　　者—蕭美惠
主　　編—陳家仁
編　　輯—黃凱怡
企　　劃—藍秋惠
協力編輯—吳紹瑜
封面設計—廖韡
內頁設計—李宜芝

總 編 輯—胡金倫
董 事 長—趙政岷
出 版 者—時報文化出版企業股份有限公司
108019 台北市和平西路三段二四〇號四樓
發行專線—(02)2306-6842
讀者服務專線—0800-231-705．(02)2304-7103
讀者服務傳真—(02)2304-6858
郵撥—19344724 時報文化出版公司
信箱—10899 臺北華江橋郵局第 99 信箱

時報悅讀網—http://www.readingtimes.com.tw
法律顧問—理律法律事務所 陳長文律師、李念祖律師
印　　刷—綋億印刷有限公司
初版一刷—二〇二二年三月十八日
初版六刷—二〇二三年六月二十二日
定　　價—新台幣四二〇元
（缺頁或破損的書，請寄回更換）

時報文化出版公司成立於一九七五年，
並於一九九九年股票上櫃公開發行，於二〇〇八年脫離中時集團非屬旺中，
以「尊重智慧與創意的文化事業」爲信念。

鬆綁你的焦慮習慣：善用好奇心打破擔憂與恐懼的迴圈，有效戒除壞習慣的實證法則 / 賈德森．布魯爾 (Judson Brewer) 作；蕭美惠譯．-- 初版．-- 臺北市：時報文化出版企業股份有限公司，2022.03
336 面；14.8 x 21 公分

譯自：Unwinding anxiety : new science shows how to break the cycles of worry and fear to heal your mind

ISBN 978-957-13-9977-5(平裝)

1.CST: 焦慮　2.CST: 情緒管理

176.527　　111000630

ISBN 978-957-13-9977-5
Printed in Taiwan